張發穎　編

唐英督陶文檔

學苑出版社

圖書在版編目（CIP）數據

唐英督陶文檔 / 張發穎編．—北京 ：學苑出版社，2011.10
ISBN 978-7-5077-3868-1

Ⅰ．①唐… Ⅱ．①張… Ⅲ．①古代陶瓷－史料－中國－清代 Ⅳ．①K876.34

中國版本圖書館CIP數據核字（2011）第201520號

責任編輯：潘占偉　洪文雄
出版發行：學苑出版社
社　　址：北京市豐臺區南方莊2號院1號樓
郵政編碼：100079
網　　址：www.book001.com
電子信箱：xueyuan@public.bta.net.cn
銷售電話：010-67675512　67678944　67601101（郵購）
經　　銷：新華書店
印 刷 廠：保定市彩虹藝雅印刷有限公司
開本尺寸：850×1168　1/16
印　　張：15
字　　數：213千字
版　　次：2012年1月第1版
印　　次：2012年1月第1次印刷
定　　價：180.00元（精裝）

ISBN 978-7-5077-3868-1

目録

編輯説明

四卷本《唐英全集》於二〇〇八年一月出版，其第四卷有關唐英榷務與督陶的具體活動，主要輯自《清宮内務府造辦處檔案總匯》（人民出版社二〇〇五年版）。二〇〇八年，中國第一歷史檔案館將其舊藏清宮瓷器檔案編輯，由中國畫報出版社限量出版，名《清宮瓷器檔案全集》。經核對，自然又有一些唐英陶務活動材料，未能輯入《唐英全集》。尤其唐英有關制瓷活動的重要文字，如制瓷『則例』，内務府主要官員查核燒造錢糧、處理次色瓷器，與他有關的人事活動，他去世在九江任上等奏摺、文字，爲向所不知。因此重新輯録、補充，成爲必需。但唐氏之具體陶務活動，如皇上命其燒造某一件或品種瓷器，其記載與《清宮内務府造辦處檔案總匯》内容文字完全相同，它們應當出自同一部檔案。僅從《清宮瓷器檔案全集》輯出幾條補充，這很可能是我們在從《清宮内務府造辦處檔案總匯》輯録時疏漏所致。因之從《清宮瓷器檔案全集》輯録之文字，主要爲過去未見之唐英、内務府官員與唐英陶務活動有關之奏摺。

爲了使購得二〇〇八年一月出版四卷本《唐英全集》的朋友不致因有新的文字出現感到遺憾，也考慮到一些研究陶瓷的朋友只要一本簡單的唐英陶務活動内容之書即可，我們想出了一個折衷辦法，即把四卷本《唐英全集》前面有關唐氏陶務活動之幾篇文字輯出，再把第四卷後半部有關唐氏陶務活動内容與新自《清宮瓷器檔案全集》輯出文字，合併編輯成此書。這樣，已有《唐英全集》四卷本者，破費不大，購得該卷，就可有一部完整的《唐英全集》；想只要有一本簡單的唐英陶務活動之書亦可够用的朋友，只要購得此書亦滿足要求。需要特別説明的是，民國初年，清宮檔案散佚，尤其準確工整直達御案的奏折亦遭散佚。因之今天我們見到的清宮文檔，尤其奏折，並非皆是當初直達御案的原本，而不少是衙署筆帖式録副存置備查之件，此類文檔，多數備而不用。筆帖式在録副過程中，也不那麽認真，多數用草書而且潦草。字的俗體、异體，通體皆用。此次整理，對這些俗體异體字未做硬性統一，以最大限度還原歷史原貌。

《唐英全集》主編張發穎

二〇〇九年三月於北京垡頭寓所

陶務文字

陶務叙略

據《江西通志・陶政》録出

事有至微且末而儲爲國用利於民生者陶之爲器是也上陳俎豆之列下供飲食之需由來非一日矣稽其制始於漢而傳於歷代异其地而成於昌南自前朝設廠珠山之麓命官督造旋至奉行不善費國帑荼工匠役於是者幾不聊生孰謂陶爲細務而董其事者可不審慎乎哉英關東之瀋陽人也世受國恩從龍日下隸籍内務府幼即供役於養心殿二十餘載我皇上御極之元年仰蒙高厚殊恩拔置郎署方恐報稱無由乃復於雍正二(六)年秋八月怡賢親王口宣天語命英督監江西窑務且有工匠疾苦宜恤商户交易宜平之諭大哉皇言何其恩之周而慮之深也英祇承出都於本年十月間抵廠一應工匠商户造辦交易之事靡不仰遵聖諭愓厲戰兢凡出納毫厘器皿數目俱係造册報銷於内務府總管處按核迄今乙卯七載於兹矣雖勉竭駑駘不敢苟忽然不識鄙淺舛誤實多荷蒙聖慈不加罪斥且賜薪水之費五百金舉家佩德飽恩功難抵罪自揣微陋小臣平生過分悻事實爲未有因念陶固細務自一身以及工役皆邀皇上周恤敢不具述始末以宣揚德意且圬尊土簋國家之儉德悠關則陶器爲世所必需而製造亦爲後所難免得其道則事半功倍失其道則公費人勞苟茫無稽於後何如略志述於今英雖不敢謂陶之微奥確信深知然既習且久其於製造之器皿條目款釉尺寸工匠錢糧即夫賞勤勸惰之大略不無一得之愚爰舉而條例於後鎸石珠山之陽俾後之繼英董理者知所考稽審慎共體我皇上恤民勸工之至意庶無靡費擾衆之弊用述梗概以自志感愓並示後之君子倘所謂耕問僕織問婢者其感不失此意乎

陶成紀事碑記

據乾隆八年《浮梁縣志》録出，又據乾隆四十八年《浮梁縣志》校補

計開

燒造各色條款

一歲用淮安板閘關錢糧八千兩

一一應工價飯食泥土釉料俱照民間時價公平採買毫無當官科派之累再衆工婚喪勸賞以及醫藥置産之用並在於内

一在廠工匠辦事人役支領工值食用者歲有三百餘名

一每歲秋冬二季雇覓船隻夫役解送圓琢器皿六百餘箱歲例盤碗盅碟等上色圓器由二三寸口面以至三四尺口面者一萬六七千件其選落之次色尚有六七萬件不等一併裝桶解京賞用其瓶罍罇彝等上色琢器由三四寸高以至三四尺高大者亦歲例二千餘件尚有選落次色二三千件不等一併裝桶解京以備賞用至於每月初二十六兩期解送淮關總管年處呈樣或十數件或六七件不等在外

一廠内所造各種釉水款項甚多不能備載兹舉其仿古採今宜於大小盤杯盅碟瓶罍罇彝歲例貢御者五十七種開列於後以志大概

一仿鐵骨大觀釉有月白粉青大緑等三種俱仿内發宋器色澤

一仿鐵骨哥釉有米色粉青二種俱仿内發舊器色澤

一仿銅骨無紋汝釉仿宋器猫食盤人面洗色澤

一仿銅骨魚子紋汝釉仿内發宋器色澤

一仿白定釉止仿粉定一種其土定未仿

一均釉仿内發舊器梅桂紫（玫瑰紫）海棠紅茄花紫梅子青騾肝馬肺五種外新得新紫米色天藍窑變四種

一仿宣窑霽紅有鮮紅寶石紅二種

一仿宣窑霽青色澤泛紅有橘皮棕眼

一仿廠官窑有鱔魚黄蛇皮緑黄斑點三種

一仿龍泉釉有淺深二種

一仿東青釉有淺深二種

一仿米色宋釉係從景德鎮東二十里外地名湘湖有故宋窑址覓得瓦礫因仿其色澤款式粉青色宋釉其款式色澤同米色宋釉一處覓得

一仿油緑釉係内發窑變舊器色如碧雲光彩中斑

駁古雅
一爐鈞釉色在廣東窑與宜興掛釉之間而花紋流淌過之
一歐釉仿舊歐姓釉有紅藍紋二種
一青點釉仿内發廣窑舊器色澤
一月白釉色微類大觀釉白泥胎無紋有淺深二種
一仿宣窑寶燒有三魚三果三芝五福四種
一仿龍泉寶燒本朝新製有三魚三果三芝五福四種
一翡翠釉仿内發素翠青點金點三種
一吹紅釉
一吹青釉
一仿永樂窑脱胎素白錐拱等器皿
一仿萬曆正德窑五彩器皿
一仿成化窑五彩器皿
一仿青花黄地章器皿
一新製法青釉係新試配之釉較霽青泛紅深翠無橘皮棕眼
一仿西洋雕鑄像生器皿五供盤碟瓶合等項畫之渲染亦仿西洋筆意
一仿澆黄澆緑錐花器皿
一仿澆黄器皿有素地錐花二種
一仿澆紫器皿有素地錐花二種
一錐花器皿各種釉水俱有
一堆花器皿各種釉水俱有
一抹紅器皿仿舊
一彩紅器皿仿舊
一西洋黄色器皿
一新製西洋紫色器皿
一新製抹銀器皿
一新製彩水墨器皿
一新製山水人物花卉翎毛仿筆墨濃淡之意
一仿宣窑填白器皿有厚薄大小不等
一仿嘉窑青花
一仿成化窑淡描青花
一米色釉與宋米色釉不同有淺深二種
一釉里紅器皿有通用紅釉繪畫者有青葉紅花者
一仿紫金釉有紅黄二種
一澆黄五彩器皿此種係新試所得
一仿澆緑器皿有素地錐花二種
一洋彩器皿新仿西洋法瑯畫法人物山水花卉翎毛無不精細入神
一拱花器皿各種釉水俱有
一西洋紅色器皿

一新製仿烏金釉黑地白花黑地描金二種
一西洋緑色器皿
一新製西洋烏金器皿
一新製抹金器皿
一仿東洋抹金器皿
一仿東洋抹銀器皿

陶冶圖編次（陶冶圖説）

按：未見原件，據《唐英瓷務年譜長編》（見《景德鎮陶瓷》一九八二年二期）録出，校以朱琰《陶説》

圖次紀略

粤稽虞代肇興陶正之官載諸考工詳列陶瓬之職是知埏埴爲器日用必資故應闡發精微用以昭垂永久蓋製瓷所需在泥土而泥土之細在淘澄泥土細而坯胎成灰泥合而釉色備泥釉是當首蓄淘練尤合居先至於儲其材更當利其器欲期烟焰無玷於晶熒務令光澤有需於遮護斯匣鉢之備用繼土釉而次及者也若夫程材製器既當左宜右有之時仿古酌今必循方鉅圓規之則惟兹模範關乎坯胎曰造曰修而賦物始有其象爲雕爲鏤而受質各别其形於是施後素之功成受採之宜圓琢异製渲染同工釉分吹蘸而巧拙立呈足詳款識而功能始畢泥形土質都成金石之聲錦地花紋並帶雲霞之色裝束藉夫茅草利用遍乎寰區默相爲神虔奉陶家之享獻上供有職仰邀天府之品題圖列先後序分節次

採石製泥　　淘練泥土　　煉灰配釉
製造匣鉢　　圓器修模　　圓器拉坯

琢器造坯　採取青料　揀選青料
印坯乳料　圓器青花　製畫琢器
蘸釉吹釉　旋坯乞足　成坯入窑
燒坯開窑　圓琢洋彩　明爐暗爐
束草裝桶　祀神酬願

督理九江鈔關内務府員外郎臣唐英恭編

一頁　採石製泥

惟陶利用範土作胎其土須採石煉製石産江南徽郡祁門縣距窑廠二百里山名坪里谷二處皆産白石開窑採取剖有黑花如鹿角菜形土人藉溪流設輪作碓舂細淘净製如磚式名曰白不（注：不敦上聲浮梁方言術語）色純質細製造脱胎填白青花圓琢等器别有高嶺玉紅箭灘數種各就産地爲名皆出江西饒州府屬各境採製法同白不止可供攙合製造之用於粗厚器皿爲宜幅中爲開採爲舂碓爲畚煉採石製泥之法不越於是矣

二頁　淘練泥土

造瓷首需泥土淘練尤在精純土星石子定帶瑕疵土雜泥松必至柝裂淘練之法多以水缸浸泥木鈀攪標（漂）起渣沉過以馬尾細籮再澄雙層絹袋始分注過泥匣鉢俾水滲漿稠用無底木匣下鋪新磚數層内以細布大單將稠漿傾入緊包磚壓吸水水滲成泥移貯大石片上用鐵鍬翻撲結實以便製器凡各種坯胎不外此泥惟分類按方加配材料以别其用幅中所載器具人工描摹淘練情形悉備

三頁　煉灰配釉

陶製各器惟釉是需而一切釉水無灰不成其釉灰出樂平縣在景德鎮南百四十里以青白石與鳳尾草迭叠燒煉用水淘洗即成釉灰配以白不細泥與釉灰調合成漿稀稠相等各按瓷之種類以成方加減盛之缸内用曲木棍横貫鐵鍋之耳以爲舀注之具其名曰盆如泥十盆灰一盆爲上品瓷器之釉泥七八而灰二三爲中品之釉若泥灰平對或灰多於泥則成粗釉圖中缸内所浮之鍋即盆是也

四頁　製造匣鉢

瓷坯入窑最宜潔净一沾泥渣便成斑駁因窑風火氣冲易於傷坯此坯胎之所必用匣鉢套裝也匣鉢之泥土産於景德鎮之東北里淳村有黑紅白三色之异名有寶石山出黑黄沙一種配合成泥取其入火禁煉造法用輪車與拉坯之車相似泥不用過細俟匣鉢微乾略旋入窑空燒一次方堪應用名曰鍍匣而造匣鉢之匠亦常用粗泥拉造砂碗爲本地鄉村坯房人匠等家常之用

五頁　圓器修模

圓器之造每一式款動經千百不模範式款斷難畫一其模子必須與原樣相似但尺寸不難計算放大則成

器必較原樣收小蓋成坯泥松性浮一經窑火松者緊浮者實一尺之坯止得七八寸之器其抽縮之理然也欲求生坯之准必先模子是修故模匠不曰造而曰修凡一器之模非修數次其尺寸款式燒出時定不能吻合此行工匠務熟諳窑火泥性方能計算加減以成模範景德一鎮群推名手不過三兩人

六頁　圓器拉坯

圓器之制不一其方瓣棱角者則有鑲雕印削之作而渾圓之器又用輪車拉坯就器之大小分爲二作其大者拉造一尺至二尺之盤碗盅碟等車如木盤下設機局俾旋轉無滯則所拉之坯方免厚薄偏側故用木匠隨時修治另有泥匠摶泥融結置於車盤打坯者坐於車架以竹杖撥車使之輪轉雙手按泥隨手法之屈仰收放以定圓器款式其大小不失毫黍

七頁　琢器造坯

瓶罇罍彝皆名琢器其渾圓者亦如造圓器之法用輪車拉坯俟其曬乾仍就輪車刀旋定樣之後以大羊毛筆蘸水洗磨俾光滑潔净然後吹釉入窑即成白器如於坯上畫料罩釉即爲青花其鑲方棱角之坯則用布包泥以平板拍練成片裁成塊段即用本泥調糊粘合另有印坯一種係從模中印出製法亦如鑲方鑲印二種洗補磨擦與圓琢器無异凡此坯胎有應錐拱雕鏤者俟乾透定稿以付專門工匠爲之

八頁　採取青料

瓷器無分圓琢其青花者有宣成嘉萬之別悉藉青料爲繪畫之需而霽青大釉亦賴青料配合料出浙江紹興金華兩郡所屬諸山採者赴山乞取於溪流洗去浮土其色黑黄大而圓者爲頂選名爲頂圓子俱以産地分別名目販者携至燒瓷之所埋入窑地鍛煉三日取出淘洗始售賣備用其江西廣東諸山間有産者色澤淡薄不耐鍛煉止可畫染市賣粗器圖中所繪特詳採取其於製煉則未及焉

九頁　揀選青料

青料煉出後尤須揀選有料户一行專司其事料之黑絲（朱琰《陶説》作緑）潤澤光色俱全者乃爲上選於仿古霽青青花細釉用之色雖黑緑而鮮潤澤者爲市賣粗瓷之用至光色全無者性薄煉枯悉應選棄至用料之法畫生坯罩以釉水過窑燒出俱成青翠若不罩釉仍是黑色如窑火稍過則所畫青花多致散漫惟青料中有韭菜邊一種獨爲清楚入窑不改故細描必用之圖内筐盛匣鉢乃屬點綴非選料正意

十頁　印坯乳料

大小圓器拉成水坯俟其潮乾用修就模子套坯其上以手拍按務使泥坯周正匀均始褪下陰乾以備旋削

其濕坯不宜日曬曬坼裂至畫瓷所需之料研乳宜細粗則起刺不鮮每料十兩爲一鉢專供乳研經月之後始堪應用乳用研鉢貯於矮凳凳頭裝有直木上横一板鏤孔以裝乳槌之柄人坐座凳握槌乳之工價每月三錢亦有兩手乳研兩鉢夜至一鼓者工價倍之老幼殘疾多藉以資生焉

十一頁　圓器青花

青花繪於圓器一號動累百千若非畫款相同必致參差互异故畫者止學畫而不學染染者止學染而不學畫所以一其手而不分其心畫者染者各分類聚處一室以成其畫一之工其餘拱鋅雕鏤業似同而各習一家釉紅寶燒技實异而類近於畫至御器上之邊綫青箍原出旋工之手其底心之識銘書記獨歸落款之工花鳥禽魚寫生以肖物爲上宣成嘉萬仿古以多見方精此青花之异於五彩也

十二頁　製畫琢器

琢器之式有方圓棱角之殊製畫之方别彩繪鏤雕之异仿舊須宗其典雅肇新務審其淵源器自陶成矩規悉遵古制花同錦簇彩色勝上春臺觀(官)哥汝定鈞抔汗之儀則非遠水火金木土洪鈞之調劑維神或相物以賦形亦範質而施彩功必藉夫埏埴出自林泉製不越夫罇罍重均鼎彝爐烟焕色雖瓦缶亦參橐籥之權彩筆生花即窑瓷可驗文明之象

十三頁　蘸釉吹釉

圓琢名器凡青花與觀(官)哥汝等均須上釉入窑上釉之法古制將琢器之方長棱角者用毛筆拓釉弊每失於不匀至大小圓器及渾圓之琢器俱在缸内蘸釉其弊又失於體重多破壞全器倍爲難得今圓器之小者仍於缸内蘸釉其琢器與圓器大件俱用吹釉法以徑寸竹筒截長七寸頭蒙細紗蘸釉以吹俱視坯之大小與釉之等類别其吹之遍數有自三四遍至十七八遍者此蘸釉所由分也

十四頁　旋坯穵足

圓器尺寸既定於模而光平必需於旋故復有旋坯之作作内設有旋坯之車形與拉坯車相等惟中心立一木樁樁視坯爲粗細其頂渾圓包以絲錦恐損坯也將坯扣合樁上撥輪轉旋用刀削旋則器之里外皆得光平其式款粗細關乎旋手之高下故旋匠爲緊要之工至穵足一行因拉坯之時下足留一泥靶長二三寸便於把握以畫坯吹釉俟吹畫工竣始旋去其柄穵足寫款圖中工匠旋穵並到

十五頁　成坯入窑

窑制長圓形如覆瓮高寛皆丈許深長倍之上罩以大瓦屋名窑棚其烟突圍圓高二丈餘在後窑棚之外瓷

坯既成裝以匣鉢送至窑户家入窑時以匣鉢叠累罩套分行排列中間疏散以通火路其窑火有前中後之分前火烈中火緩後火微凡安放坯胎者量釉之軟硬以配合窑位俟坯器滿足始爲發火隨將窑門磚砌止留一方孔將松柴投入片刻不停俟窑内匣鉢作銀紅色時止火窨一晝夜始開

十六頁　燒坯開窑

瓷器之成窑火是賴計入窑至出窑類以三日爲率至第四日清晨開窑其窑中套裝瓷器之匣鉢尚帶紫紅色人不能近惟開窑之匠用布十數層製成手套蘸以冷水護手復用濕布包裹頭面肩背方能入窑搬取瓷器瓷器既出乘熱以安放新坯因新坯潮濕就熱窑烘焙可免火後坼裂穿漏之病圖内據案包扎者爲出窑瓷器肩運柴片者爲現在燒窑其搬運出窑情形未詳繪也

十七頁　圓琢洋彩

圓琢白器五彩繪畫摹仿西洋故曰洋彩須選素習繪事高手將各種顔料研細調合以白瓷片畫染燒試必熟諳顔料火候之性始可由粗及細熟中生巧總以眼明心細手准爲佳所用顔料與法瑯色同其調色之法有三一用蕓香油一用膠水一用清水蓋油色便於渲染膠水所調便於拓抹而清水之色便於堆填也畫時有就案者有手持者亦有眠側於低處者各因器之大小以就運筆之便

十八頁　明爐暗爐

白胎瓷器於窑内燒成始施彩畫彩畫後復需燒煉以固顔色爰有明暗爐之設小件則用明爐爐類法瑯所用口門向外周圍炭火器置鐵輪其下托以鐵叉又將瓷器送入爐中傍以鐵鈎撥輪令其轉旋以匀火氣以畫料光亮爲度大件則用暗爐爐高三尺徑二尺六七寸周圍夾層以貯炭火下留風眼將瓷器貯於爐膛人執圓板以避火氣爐頂蓋板黑泥封固燒一晝夜爲度凡燒淺黄緑紫等器法亦相同

十九頁　束草裝桶

瓷器出窑每分類揀選以别上色二色三色脚貨等名次定價值高下所有三色脚貨即在本地貨賣其上色之圓器與上色二色之琢器俱用紙包裝桶有裝桶匠以專其事至二色之圓器每十件爲一筒用草包扎裝桶以便運載其各省行用之粗瓷則不用紙包裝桶止用茭草包扎或三四十件爲一仔或五六十件爲一仔一仔猶云一馱茭草直縛於内竹篾横纏於外水陸搬移便易結實其匠衆多以茭草爲名目

二十頁　祀神酬願

景德一鎮僻處浮梁邑境周袤十餘里山環水繞中央一洲緣瓷産其地商販畢集民窑二三百區終歲烟火

相望工匠人夫不下數十餘萬靡不藉瓷資生窑火得失皆尚禱祀有神童姓爲本地窑民前明製造龍缸連歲弗成中使嚴督窑民苦累神躍身窑突中捐生而缸成司事者憐而奇之於廠署内建祠祀焉號曰風火仙迄今屢著靈异窑民奉祀維謹酬獻無虚日甚至徘優奏技數部簇於一場

龍缸記

青龍缸邑志載前明神宗間造先是累歲弗成督者益力火神童公憫同役之苦激而舍生乃成事詳神小傳此則成後落選之損器也棄置僧寺墻隅余見之遣兩輿夫舁至神祠堂西飾高臺與碑亭對峙或者疑焉以爲先生好古耶不完矣惜物耶無用矣於意何居余曰否否夫古之人之有心者之於物也凡聞見所及必考其時代究其款識追論其製造之原委務與史傳相合而一切荒唐影響之説不得而附和之或以人貴或以事傳或以良工見重每不一致要不敢褻昵云爾故子胥之劍陳之廟堂楊雄之匜置之墓口甄邯之威斗殉之壽藏蓋其人生所服習世所載决雖歷久殘缺而靈所憑依將在是矣况此器之成沾溢者神膏血也團結者神骨肉也清白翠璨者神精忱猛氣也其人則神其事則創其工則往古奉御之所遺留而可不加之珍重乎由志所云萬曆己亥到今雍正庚戌相去凡一百三十二年其不淪於瓦礫者必有物焉實呵護之余非有心人也神或召之耳故記之缸徑三尺高二尺强環以青龍四下作潮水紋墻口俱全底脱

（《陶人心語》卷六）

火神童公傳

按：此篇《陶人心語》正續編皆未收録，據《浮梁縣志》卷七增入

神姓童名賓字定新饒之浮梁縣人性剛直幼業儒父母早喪遂就藝浮地利陶自唐宋及前明其役日益盛萬曆間内監潘相奉御董造派役於民童氏應報火族人懼不敢往神毅然執役時造大器累不完工或受鞭箠或苦饑羸神惻然傷之願以骨作薪丐器之成遽躍入火翌日啓窑果得完器自是器無弗成者家人收其餘骸葬鳳凰山相感其誠立祠祀之蓋距今百數十年矣雍正戊申余銜命督理埏埴來廠涓吉謁神祠顧瞻之下求所爲麗牲之碑闕焉無辭問神姓氏封號率無能知者而《浮梁志》亦不復載最後神裔孫諸生兆龍等抱家牒來謁牒稱神曰風火仙詳死事一節並載康熙庚申年臧徐兩部郎董制陶器每見神指畫呵護於窑火中故饒守許拓祠地加修葺焉牒首有沈太師三曾序曰先朝嘉號而敕封之不知所封何號也豈所謂風火仙耶夫五行各有專司陶司於火而加以風於義何取且朝廷之封號如金冶神木土谷以及岳瀆山川皆曰神未聞仙也豈相私稱云爾耶敕封之語殆不確耶是皆莫可考也當神之時徭役繁興刑罰滋熾孰不趑趄瑟縮於前而涕泣狼狽於後神聞役而趨趨而盡其力於工則已耳物之成否不關一人器之美惡非有專責乃一旦身投烈焰豈無妻子割舍之痛與骨肉鍛煉之苦而皆在不顧卒能上濟國事而下貸百工之命也何其壯乎然則神之死也可以作忠臣之氣而堅義士之心矣神娶於劉生一子曰儒神赴火後劉苦節教子壽八十有五儒奉母以孝聞（《詩文軼篇》）

春暮送吴堯圃之均州

絮落花飛春已暮幾欲留春春不住離筵黯黯趁春開春風引客均州路山山水水幾許長帆檣雲樹愁蒼茫轂城黄石峴首泪酒材詩料携輕裝丈夫出門各有道知己情深在懷抱此行陶冶賴成功鐘鼎尊罍關國寶玫瑰翡翠倘流傳搜物探書尋故老君不見善游昔日太史公名山大川收胸中陶熔一發天地秘神工鬼斧驚才雄文章制度雖各別以今仿古將毋同不惜驪駒三叠唱内顧無憂行色壯荆襄一水游有方不比天涯成孟浪荷香蒲緑棹歸舟倚閭白髮顒顒望（《陶人心語》卷一）

瓷務事宜示諭稿序

予於雍正六年奉差督陶江右陶固細事但爲有生所未經見而物料火候與五行丹汞同其功兼之摹古酌今侈弇崇庳之式茫然不曉日唯諾於工匠之意者惴惴焉惟辱命誤公之是懼用杜門謝交游聚精會神苦心竭力與工匠同其食息者三年抵九年辛亥於物料火候生克變化之理雖不敢謂全知頗有得於抽添變通之道向之唯諾於工匠意旨者今可出其意旨唯諾夫工匠矣因於泥土釉料坯胎窑火諸務研究探討往往得心應手至於賞勤儆怠矜老恤孤與夫醫藥棺槥拯灾濟患之事則又仰體皇仁寓賑貸於造作中之聖意此微末小臣盡力宣勞之職也更歷五寒暑器不苦窳人不憚勞迄雍正十三年計費帑金數萬兩制進圓琢等器不下三四十萬件其間幸免糜帑誤公之咎者上沐聖明之寬恤下矢駑駘之心耳兹於今上龍飛之乾隆元年承命榷淮陶務告竣爰將歷年來事宜示諭諸稿除散佚外檢其存者匯繕成帙以志九載辦理之梗概緣以良工心苦慘淡經營並未撲責一人貽誤一事卒之陶務得以有成者實非偶然使後之董是役者或有所採擇未必不備木頭竹屑之用至

於吾之子孫尤宜什襲藏之不惟識此胼胝九載之心且堪備异日奴耕婢織之問未可知也(《陶人心語》卷六)

重修浮梁縣志序

浮梁江右饒郡之屬邑也邑侯沈君重修邑之志乘迄成請叙於余蓋以余嘗有事於陶歷兹土者久風俗人情能一一道之也顧余何知知陶而已陶之業陶之人以迄陶中聽有之事幾皆半於浮則一言陶而浮之風土人情未始不可以概知耳憶余自雍正六年奉督陶之命駐節邑之景德鎮鎮去縣治三十里其人居之稠密商賈之喧闐市井之錯綜物類之薈萃幾與通都大邑等及按之從前邑志所載山川風俗文章宦蹟猶若可稽獨於陶不曰賦役繁興則曰誅求無已不曰藏奸納污則曰逃亡逋竄若陶有甚不利於浮者豈志載之不足征與抑何殊於聽見之甚也因進父老而深究其故始知前明遣官督造間及中涓擅威福張聲勢以魚肉斯民一逢巨作功不易成致重臣數臨郵驛騷動令疲於奔走民苦於箠楚卒之大耗帑藏之金重困閭閻之力而於巨作迄無成遂使饒郡數邑供應不遑而浮邑之吏民更不堪命是害在陶而寔在浮矣迨我朝定鼎深悉浮邑之苦盡草前明之敝陶業稍復而邑治稍安既復爲逆氛聽擾致是邑之户口蓋藏盡墟於兵燹此康熙十二年以迄十六年事也至今相

距又復六十餘年列聖之德政所垂休養生息而浮之爲浮遂得有今日余始信從前志載爲非誣而聽見之全盛有由也獨惜聖朝滋培之厚是邑富庶之休尚未臚於志乘爲闕如耳維時沈侯亦初下車方極意釐剔以上副郅隆之治未暇遽及於此而余復固陋無文且職不在是惟鑒前此董理陶事者之失冰兢自持勸懲并用雖糜帑項幾及萬金而所得之大小瓷器則歲亦不下數十萬件間有巨作亦從未驚擾民間而器卒以成計躬親其事者八載幸而工輯民安陶無事固不能於沈侯之政治有所補益而未嘗以陶務於司土民生波及秋毫至於胼胝督理之餘就耳目所及勉思所以推廣朝廷德意蠲助婚喪施予棺槥俾鎮之人在而相忘去而見思者寔賴侯左右之力居多今雖乃領陶務而榷淮榷潯去邑鎮者越五年間一過之見其物阜民安之象較前更勝則沈侯寔心寔政有以致之也茲侯且以卓薦入覲其推擢有日矣猶復以重修邑志爲己任而於陶務三致意焉亦欲使後之君子一按邑志務因陶之利杜陶之害以奠安斯民於億萬年耳獨以余之所有事者詳言以復諸侯（《陶人心語》卷六）

廠署珠山文昌閣碑記

雍正六年秋八月予奉命督陶西江駐節浮梁縣之景德鎮廠署後有珠山蓋勝地也予於陶務爲有生所未見惴惴焉惟廢事誤公是懼全家在京師不遑内顧矣越二年内人某氏卒繼以地震廬舍傾頹産空人散租俸所入又爲族之尊屬所攘奪所餘二子煢煢幼稚艱於存活不得已遣足往覓老羸僅存之男婦三五輩携之南來實就食耳豈圖團聚乎此九年事也長文保時年十五次寅保才八齡瞰其氣質舉動未近頑劣予心一於陶顧膝下每戚戚焉隳矣雖然養而不教非父職也於是爲之延師設帳於珠山西北隅老屋三楹中使之焚膏繼晷不見一人不預一事不避寒暑者五年於兹今上御極之初陶務告竣命予司榷淮陰乾隆二年復舉陶務鎮廠雖有專司予猶遥督總理以貢於天府四年淮榷任滿仍回陶署甫一月而榷潯之旨又下矣屈指數年間櫛風沐雨水陸舟車二子未嘗一刻睽隔亦未嘗令其一刻廢學也是年文保蒙恩特賜執事供奉内廷從此報酬有階而咕嗶無暇矣獨寅保讀書日有進益其所爲文每爲諸先達奬掖許可予竊喜於望外實尚疑於分内也六年辛酉寅保已年

十九矣以回京掃墓請且值賓興之期欲乘便就試予笑而頷之乃未幾竟以捷報嘻予自少有志以選入養心殿遂未逮小子何知一出而濫掇科名以成父志乃爾耶竊思科名本於先德而靈秀鐘乎山川予家從龍入關歷世五葉隸旗百載遺清白而守忠孝予與子若孫沐世澤之洪深而小子飲食於珠山啓蒙肄業歷久成就於珠山謂非珠山靈秀之氣之所濡染乎諺云地能發人人能興地爰於老屋故址庀材鳩工建閣以祀文昌聖象於其上志地靈也且備序予教子之顛末俾後之賦皇華於此地者勿謂胼胝陶人所成瓦缶不能雷鳴而廢陶鑄琢磨之功也其功維何義方之教義方維何讀書而已矣（《陶人心語續選》卷五）

圓琢瓷器燒造製價則例

管理九江關税仍管窑廠事務内務府員外郎唐英爲飭照原奏詳定章程永遠遵行事遵將圓琢瓷器所需泥土釉料工飯等項銀兩按造法尺寸分别貴賤高次逐一詳查核造製價則例章程册呈送核定奏明永遠遵行須至册者

計開

一凡製造瓶罇鋼罐盆洗爐臺等件俱名爲琢器盤盌鍾碟俱名爲圓器

一凡各種器皿所需泥土一項成器之後雖有厚薄之不同但初造水坯時厚薄原屬相等蓋緣各有各款期在登樣琢磨鏇削致有厚薄之殊故核製價不計厚薄止將寬長核筭尺寸其泥土製價有多寡不同者如大觀哥窑魚子紋汝釉白定等泥内配滑石廣料故價較多於别種釉水之件

一凡各種器皿釉料一項今核製價僅以外面核筭每尺應用釉料若干雖不將裡面尺寸陞出併筭然已將裡外應用釉料價銀均入外面尺寸内計筭同各項價值尺寸畫一辦理不致參差溷淆易於查核但釉料各有貴

賤不同就器估值以分多寡故不能一例相等

一凡做坯工飯一項緣各種器皿製造時先用濕泥做出粗坯俟坯稍乾方可出細此係水坯工作故專列做坯工飯核計尺寸製價

一凡做細工飯一項緣每件坯胎無論大小均非一手即能成器水坯將乾之時必須各作匠手次第輪換製造方成完器如配泥對釉補洗吹釉滿窑裡色磨瓷選器等類是也若分條列欵不但不勝其繁轉滋冗雜不清故扼其總以做細工飯字樣列爲條目總計尺寸製價

一凡雜用人夫一項緣製造瓷器所需人夫不一如乳料搬車挪泥打雜挑瓷跟坯以及厨房人夫等項更難逐條開載故以雜用人夫字樣總計尺寸製價

一凡柴價一項緣大觀釉哥窑魚子紋汝釉琺瑯均窑等器二次入窑故柴價倍之其餘各種器皿均係一次

一凡雜項器具家伙一條製造各種坯瓷應用刀銼車盤坯架擱泥磚挪泥石淘泥鋼以及布紙筆毛匣鉢乳鉢竹木家伙器皿等項名色不一需用零星悉難枚舉故總計雜項器具家伙字樣列爲條目核算尺寸製價

一凡鑲方一項如四方六方八方是也製造時先將濕泥打成泥片用刀裁出粗坯大小欵式方付鑲方作鑲接成器

一凡印器刳削二項如腰圓式樣者須另用粗泥照式修挖模子然後將濕泥按拍水坯胎模候水坯稍乾方付印器作合縫登樣如菱花葵瓣瓜稜等欵式印器作印接登樣之後又湏刳削作修削出細故分列印器工飯刳削工飯二條分別列爲條目核算尺寸製價

一凡錐拱一項各種坯胎登樣之後如有應錐應拱者付錐拱作照樣錐拱有滿身花紋者有單錐拱腰花瓶座者故則例條内分上次兩條核計尺寸製價

一凡雕鏤一項先用濕泥捻出規模俟坯稍乾付雕鏤作照樣雕鏤成器故專列條欵核算尺寸製價

一雕鏤玲瓏一項如外面玲瓏内夾宣花膽瓶是也透漏裡層與一切雕鏤者有間故另列條欵核計尺寸製價

一畫青花一條宣窑一種係一手畫成如成嘉萬等青花畫成式樣之後又有填染之工故核製價有多寡之殊再如宣窑釉裡紅一種青花畫成之後亦湏另匠繪畫釉紅故分列畫釉裡紅工飯一條以清欵目

一凡顔料一項有廣料洋料金料貴賤不同各器需用多寡不一按價核算故有多寡不能畫一以定每尺製價

一凡畫彩畫填二項如成窑五彩一種止湏繪畫一手成器若洋彩器皿係頂細工作照樣繪畫之後另需畫填匠手着色加染故分別畫彩畫填二項列爲條目核算

尺寸製價

一凡吹色一項係專吹各種洋顔料之作故另列條目核筭尺寸製價

一凡錐錦地一項因止有洋彩錦上添花一種故另列條欵核筭尺寸製價

一凡澆填爐工工飯一項如澆黄地紫緑龍澆緑地紫龍等器是也

一凡澆燒爐工工飯一項如澆黄澆緑澆紫等器是也

一凡燒爐工飯一項如洋彩吹各色器皿洋彩錦上添花器皿二次入爐故燒爐工飯價銀倍於各項燒爐之價

一凡炭價一項按尺定價如二次燒爐者炭價倍之

一凡細小琢器如洋彩並洋彩錦上添花之鼻烟壺等類製造做法較大件更爲細緻除物料柴價炭價照例開銷外一切工價應照例加倍核筭製價

一凡論件各項已於則例條内逐件開載不再聲明

一凡圓器所需泥土釉料較薄於琢器物料省工亦減少故分圓琢兩項製價則例

以上則例條目係照現年所造之瓷器折筭寸分別造法核定製價倘嗣後如有奉旨發造新樣並窑廠另有別欵式瓷件例内所未有者俟成造報銷時續增條目呈送查核

圓器則例

每折寛壹寸長壹尺應用泥土釉料做坯做等項銀兩逐一分晰開列於後

計開

泥土

一霽青圓器每尺泥土銀壹釐陸毫

一映青圓器每尺泥土銀壹釐陸毫

一魚子紋汝釉圓器每尺泥土銀肆釐

一霽紅圓器每尺泥土銀壹釐陸毫

一宣窑圓器每尺泥土銀壹釐陸毫

一宣窑黄地圓器每尺泥土銀壹釐陸毫

一成窑圓器每尺泥土銀壹釐陸毫

一成窑淡描圓器每尺泥土銀壹釐陸毫

一成窑五彩圓器每尺泥土銀壹釐陸毫

一彩礬紅圓器每尺泥土銀壹釐陸毫

一嘉窑圓器每尺泥土銀壹釐陸毫

一填白釉寶燒紅圓器每尺泥土銀壹釐陸毫

一白定圓器每尺泥土銀貳釐伍毫

一龍泉釉圓器每尺泥土銀壹釐陸毫

一東青釉圓器每尺泥土銀壹釐陸毫

一白泥汝釉圓器每尺泥土銀壹釐陸毫

一宋釉圓器每尺泥土銀壹釐陸毫
一米色釉圓器每尺泥土銀壹釐陸毫
一紫金釉圓器每尺泥土銀壹釐陸毫
一填白釉圓器每尺泥土銀壹釐陸毫
一填白釉洋彩圓器每尺泥土銀壹釐陸毫
一洋彩吹各色圓器每尺泥土銀壹釐陸毫
一洋彩錦上添花圓器每尺泥土銀壹釐陸毫
一洋黃圓器每尺泥土銀壹釐陸毫
一嬌各色圓器每尺泥土銀壹釐陸毫

釉料

一霽青圓器每尺釉料銀柒釐
一映青圓器每尺釉料銀柒釐
一魚子紋汝釉圓器每尺釉料銀陸釐陸毫
一霽紅圓器每尺釉料銀叁釐
一宣窑圓器每尺釉料銀貳釐柒毫
一宣窑黃地圓器每尺釉料銀貳釐柒毫
一成窑圓器每尺釉料銀貳釐柒毫
一成窑淡描圓器每尺釉料銀貳釐柒毫
一成窑五彩圓器每尺釉料銀貳釐柒毫
一彩礬紅圓器每尺釉料銀貳釐柒毫
一嘉窑圓器每尺釉料銀貳釐柒毫
一填白釉寳燒紅圓器每尺釉料銀叁釐壹毫
一白定圓器每尺釉料銀壹釐貳毫
一龍泉釉圓器每尺釉料銀貳釐
一東青釉圓器每尺釉料銀貳釐
一白泥汝釉圓器每尺釉料銀貳釐
一宋釉圓器每尺釉料銀貳釐
一米色釉圓器每尺釉料銀貳釐
一紫金釉圓器每尺釉料銀貳釐
一填白釉圓器每尺釉料銀壹釐貳毫
一填白釉洋彩圓器每尺釉料銀壹釐貳毫
一洋彩吹各色圓器每尺釉料銀壹釐貳毫
一洋彩錦上添花圓器每尺釉料銀壹釐貳毫
一洋黃圓器每尺釉料銀壹釐貳毫

做細工飯

一各種圓器每尺做細工飯銀伍釐柒毫

雜用人夫工飯

一各種圓器每尺雜用人夫工飯銀肆釐壹毫

柴價

一霽青圓器每尺柴價銀貳釐伍毫
一映青圓器每尺柴價銀貳釐伍毫
一魚子紋汝釉圓器每尺貳次柴價銀伍釐
一霽紅圓器每尺柴價銀貳釐伍毫
一宣窑圓器每尺柴價銀貳釐伍毫

一宣窑黄地圓器每尺柴價銀貳釐伍毫
一成窑圓器每尺柴價銀貳釐伍毫
一成窑淡描圓器每尺柴價銀貳釐伍毫
一成窑五彩圓器每尺柴價銀貳釐伍毫
一彩礬紅圓器每尺柴價銀貳釐伍毫
一嘉窑圓器每尺柴價銀貳釐伍毫
一填白寶燒紅圓器每尺柴價銀貳釐伍毫
一白定圓器每尺柴價銀貳釐伍毫
一龍泉釉圓器每尺柴價銀貳釐伍毫
一東青釉圓器每尺柴價銀貳釐伍毫
一白泥汝釉圓器每尺柴價銀貳釐伍毫
一宋釉圓器每尺柴價銀貳釐伍毫
一米色釉圓器每尺柴價銀貳釐伍毫
一紫金釉圓器每尺柴價銀貳釐伍毫
一填白釉圓器每尺柴價銀貳釐伍毫
一填白釉洋彩圓器每尺柴價銀貳釐伍毫
一洋彩吹各色圓器每尺柴價銀貳釐伍毫
一洋彩錦上添花圓器每尺柴價銀貳釐伍毫
一洋黄圓器每尺柴價銀貳釐伍毫
一嬌各色圓器每尺柴價銀貳釐伍毫

雜項器具家伙

一各種圓器每尺雜項器具家伙銀玖毫

剞削工飯

一各種圓器每尺剞削工飯銀貳分叁釐

錐拱工飯

一各種圓器每尺錐拱工飯銀貳分肆釐

畫青花工飯

一宣窑圓器每尺畫青花工飯銀貳分陸釐伍毫
一宣窑黄地圓器每尺畫青花工飯銀貳分陸釐伍毫
一成窑圓器每尺畫青花工飯銀叁分壹釐陸毫
一成窑淡描圓器每尺畫青花工飯銀叁分壹釐陸毫
一成窑五彩圓器每尺畫青花工飯銀叁分壹釐陸毫
一嘉窑圓器每尺畫青花工飯銀叁分壹釐陸毫

畫寶燒紅工飯

一填白釉寶燒紅圓器每尺畫寶燒紅工飯銀貳分陸釐伍毫

顏料

一映青圓器每尺顏料銀捌釐
一宣窑黄地圓器每尺顏料銀叁分
一成窑五彩圓器每尺顏料銀壹分壹釐

一彩礬紅圓器每尺顏料銀壹分壹釐
一填白釉洋彩圓器每尺顏料銀貳分
一洋彩吹各色圓器每尺顏料銀伍分
一洋彩錦上添花圓器每尺顏料銀伍分
一洋黃圓器每尺顏料銀叁分
一嬌各色圓器每尺顏料銀肆釐捌毫

畫彩工飯

一成窑五彩圓器每尺畫彩工飯銀伍分
一彩礬紅圓器每尺畫彩工飯銀伍分
一填白釉洋彩圓器每尺畫彩工飯銀玖分
一洋彩吹各色圓器每尺畫彩工飯銀玖分
一洋彩錦上添花圓器每尺畫彩工飯銀玖分

畫填工飯

一填白釉洋彩圓器每尺畫填工飯銀壹錢貳分
一洋彩吹各色圓器每尺畫填工飯銀壹錢貳分
一洋彩錦上添花圓器每尺畫填工飯銀壹錢貳分

吹色工飯

一宣窑黃地圓器每尺吹色工飯銀貳分伍釐
一洋彩吹各色圓器每尺吹色工飯銀貳分伍釐
一洋彩錦上添花圓器每尺吹色工飯銀貳分伍釐

錐錦工飯

一洋黃圓器每尺吹色工飯銀貳分伍釐
一洋彩錦上添花圓器每尺錐錦工飯銀壹錢零捌釐

澆填爐工工飯

一嬌各色圓器每尺澆填爐工工飯銀貳分

澆燒爐工工飯

一嬌各色圓器每尺澆燒爐工工飯銀捌釐

燒爐工價

一映青圓器每尺燒爐工飯銀捌釐
一宣窑黃地圓器每尺燒爐工飯銀玖釐
一成窑五彩圓器每尺燒爐工飯銀玖釐
一彩礬紅圓器每尺燒爐工飯銀玖釐
一填白釉洋彩圓器每尺燒爐工飯銀玖釐
一洋彩吹各色圓器每尺貳次燒爐工飯銀壹分捌釐
一洋彩錦上添花圓器每尺貳次燒爐工飯銀壹分捌釐
一洋黃圓器每尺燒爐工飯銀玖釐

炭價

一映青圓器每尺炭價銀肆釐伍毫
一宣窑黃地圓器每尺炭價銀壹分陸釐
一成窑五彩圓器每尺炭價銀壹分陸釐

一彩礬紅圓器每尺炭價銀壹分陸釐
一填白釉洋彩圓器每尺炭價銀壹分陸釐
一洋彩吹各色圓器每尺貳次炭價銀叁分貳釐
一洋彩錦上添花圓器每尺貳次炭價銀叁分貳釐
一洋黃圓器每尺炭價銀壹分陸釐
一嬌各色圓器每尺炭價銀肆釐伍毫

每件

一圓器（寸以上大盤 盤以上大盤）每件坯工工飯銀壹錢陸分
一圓器（寸至小碟 盤至酒元）每件坯工工飯銀陸釐伍毫伍絲
一圓器（盤至靶碟 盤至靶鍾）每件坯工工飯銀壹分玖釐陸毫伍絲
一各種圓器每件欵字銀伍釐

琢器則例

每折寬壹寸長壹尺應用泥土釉料做坯做細等項
銀兩逐一分晰開列於後

計開

泥土

一霽青琢器每尺泥土銀貳釐柒毫
一琺瑯琢器每尺泥土銀貳釐柒毫
一大觀釉琢器每尺泥土銀陸釐
一哥窑琢器每尺泥土銀陸釐
一魚子紋汝釉琢器每尺泥土銀陸釐
一霽紅琢器每尺泥土銀貳釐柒毫
一均釉琢器每尺泥土銀貳釐柒毫
一宣窑琢器每尺泥土銀貳釐柒毫
一宣窑釉裡紅琢器每尺泥土銀貳釐柒毫
一成窑琢器每尺泥土銀貳釐柒毫
一成窑淡描琢器每尺泥土銀貳釐柒毫
一成窑五彩琢器每尺泥土銀貳釐柒毫
一彩礬紅琢器每尺泥土銀貳釐柒毫
一嘉窑琢器每尺泥土銀貳釐柒毫
一白定琢器每尺泥土銀肆釐
一龍泉釉琢器每尺泥土銀貳釐柒毫
一東青釉琢器每尺泥土銀貳釐柒毫
一白泥汝釉琢器每尺泥土銀貳釐柒毫
一宋釉琢器每尺泥土銀貳釐柒毫
一廠官釉琢器每尺泥土銀貳釐柒毫
一歐瓷釉琢器每尺泥土銀貳釐柒毫
一紫金釉琢器每尺泥土銀貳釐柒毫
一填白釉琢器每尺泥土銀貳釐柒毫
一填白釉洋彩琢器每尺泥土銀貳釐柒毫
一洋彩吹各色琢器每尺泥土銀貳釐柒毫
一洋彩錦上添花琢器每尺泥土銀貳釐柒毫
一爐均琢器每尺泥土銀貳釐柒毫
一嬌各色琢器每尺泥土銀貳釐柒毫

釉料

一霽青琢器每尺釉料銀貳分叁釐伍毫
一琺瑯琢器每尺釉料銀貳分壹釐
一大觀釉琢器每尺釉料銀壹分貳釐柒毫
一哥窑琢器每尺釉料銀壹分貳釐柒毫
一魚子紋汝釉琢器每尺釉料銀壹分貳釐柒毫
一霽紅琢器每尺釉料銀壹分伍釐
一均釉琢器每尺釉料銀壹分伍釐捌毫
一宣窑琢器每尺釉料銀柒釐壹毫
一宣窑釉裡紅琢器每尺釉料銀柒釐壹毫
一成窑琢器每尺釉料銀柒釐壹毫
一成窑淡描琢器每尺釉料銀柒釐壹毫
一成窑五彩琢器每尺釉料銀柒釐壹毫
一彩礬紅琢器每尺釉料銀柒釐壹毫
一嘉窑琢器每尺釉料銀柒釐壹毫
一白定琢器每尺釉料銀叁釐叁毫
一龍泉釉琢器每尺釉料銀叁釐玖毫
一東青釉琢器每尺釉料銀叁釐玖毫
一白泥汝釉琢器每尺釉料銀叁釐玖毫
一宋釉琢器每尺釉料銀叁釐玖毫
一廠官釉琢器每尺釉料銀叁釐玖毫
一歐瓷釉琢器每尺釉料銀叁釐玖毫
一紫金釉琢器每尺釉料銀叁釐玖毫
一填白釉琢器每尺釉料銀叁釐叁毫
一填白釉洋彩琢器每尺釉料銀叁釐叁毫
一洋彩吹各色琢器每尺釉料銀叁釐叁毫
一洋彩錦上添花琢器每尺釉料銀叁釐叁毫

做坯工飯

一各種琢器每尺做坯工飯銀柒釐貳毫

做細工飯

一各種琢器每尺做細工飯銀叁分貳釐肆毫

雜用人夫工飯

一各種琢器每尺雜用人夫工飯銀壹分柒釐柒毫

柴價

一霽青琢器每尺柴價銀伍釐貳毫
一琺瑯琢器貳次入窑每尺柴價銀壹分零肆毫
一大觀釉琢器貳次入窑每尺柴價銀壹分零肆毫
一哥窑琢器貳次入窑 每尺柴價銀壹分零肆毫
一魚子紋汝釉琢器貳次入窑每尺柴價銀壹分零肆毫
一霽紅琢器每尺柴價銀伍釐貳毫
一均釉琢器貳次入窑每尺柴價銀壹分零肆毫
一宣窑琢器每尺柴價銀伍釐貳毫

一宣窑釉裡紅琢器每尺柴價銀伍釐貳毫
一成窑琢器每尺柴價銀伍釐貳毫
一成窑淡描琢器每尺柴價銀伍釐貳毫
一成窑五彩琢器每尺柴價銀伍釐貳毫
一彩礬紅琢器每尺柴價銀伍釐貳毫
一嘉窑琢器每尺柴價銀伍釐貳毫
一白定琢器每尺柴價銀伍釐貳毫
一龍泉釉琢器每尺柴價銀伍釐貳毫
一東青釉琢器每尺柴價銀伍釐貳毫
一白泥汝釉琢器每尺柴價銀伍釐貳毫
一宋釉琢器每尺柴價銀伍釐貳毫
一廠官釉琢器每尺柴價銀伍釐貳毫
一歐瓷釉琢器每尺柴價銀伍釐貳毫
一紫金釉琢器每尺柴價銀伍釐貳毫
一填白釉琢器每尺柴價銀伍釐貳毫
一填白釉洋彩琢器每尺柴價銀伍釐貳毫
一洋彩吹各色琢器每尺柴價銀伍釐貳毫
一洋彩錦上添花琢器每尺柴價銀伍釐貳毫
一爐均琢器每尺柴價銀伍釐貳毫
一嬌各色琢器每尺柴價銀伍釐貳毫

雜項器具家伙

一各種琢器每尺雜項器具家伙銀貳釐壹毫

鑲方工飯

一各種琢器每尺鑲方工飯銀壹分捌釐

印器工飯

一各種琢器每尺印器工飯銀壹分陸釐貳毫

剞削工飯

一各種琢器每尺剞削工飯銀貳分叁釐

上等錐拱工飯

一各種琢器每尺上等錐拱工飯銀貳分肆釐

次等錐拱工飯

一各種琢器每尺次等錐拱工飯銀壹分

雕鏤工飯

一各種琢器每尺雕鏤工飯銀肆分玖釐

雕鏤玲瓏工飯

一各種琢器每尺雕鏤玲瓏工飯銀捌分

畫青花工飯

一宣窑琢器每尺畫青花工飯銀叁分叁釐捌毫
一宣窑釉裡紅琢器每尺畫青花工飯銀叁分叁釐捌毫
一成窑琢器每尺畫青花工飯銀肆分壹釐叁毫
一成窑淡描琢器每尺畫青花工飯銀肆分壹釐叁毫

一成窑五彩琢器每尺畫青花工飯銀肆分壹釐叁毫

一嘉窑琢器每尺畫青花工飯銀肆分壹釐叁毫

畫釉裡紅工飯

一宣窑釉裡紅琢器每尺畫釉裡紅工飯銀貳分陸釐叁毫

顔料

一成窑五彩琢器每尺顔料銀壹分壹釐

一彩礬紅琢器每尺顔料銀壹分壹釐

一填白釉洋彩琢器每尺顔料銀貳分

一洋彩吹各色琢器每尺顔料銀伍分

一洋彩錦上添花琢器每尺顔料銀伍分

一洋彩描金琢器每尺金料銀壹錢

一爐均琢器每尺顔料銀陸分

一嬌各色琢器每尺顔料銀肆釐捌毫

畫彩工飯

一成窑五彩琢器每尺畫彩工飯銀伍分

一彩礬紅琢器每尺畫彩工飯銀伍分

一填白釉洋彩琢器每尺畫彩工飯銀玖分

一洋彩吹各色琢器每尺畫彩工飯銀玖分

一洋彩錦上添花琢器每尺畫彩工飯銀玖分

一洋彩描金琢器每尺畫彩工飯銀玖分

畫填工飯

一填白釉洋彩琢器每尺畫填工飯銀壹錢貳分

一洋彩吹各色琢器每尺畫填工飯銀壹錢貳分

一洋彩錦上添花琢器每尺畫填工飯銀壹錢貳分

一洋彩描金琢器每尺畫填工飯銀壹錢貳分

吹色工飯

一洋彩吹各色琢器每尺吹色工飯銀貳分伍釐

一洋彩錦上添花琢器每尺吹色工飯銀貳分伍釐

一爐均琢器每尺吹色工飯銀貳分伍釐

錐錦地工飯

一洋彩錦上添花琢器每尺錐錦地工飯銀壹錢零捌釐

澆填爐工工飯

一嬌各色琢器每尺澆填爐工工飯銀貳分

澆燒爐工工飯

一嬌各色琢器每尺澆燒爐工工飯銀捌釐

燒爐工飯

一成窑五彩琢器每尺燒爐工飯銀壹分壹釐

一彩礬紅琢器每尺燒爐工飯銀壹分壹釐

一填白釉洋彩琢器每尺燒爐工飯銀壹分壹釐

一洋彩吹各色琢器每尺貳次燒爐工飯銀貳分

貳釐

一洋彩錦上添花琢器每尺貳次燒爐工飯銀貳分

貳釐

一爐均琢器每尺燒爐工飯銀壹分貳釐

一洋彩描金琢器每尺燒爐工飯銀壹分壹釐

炭價

一成窑五彩琢器每尺炭價銀貳分

一彩礬紅琢器每尺炭價銀貳分

一填白釉洋彩琢器每尺炭價銀貳分

一洋彩吹各色琢器每尺貳次炭價銀肆分

一洋彩錦上添花琢器每尺貳次炭價銀肆分

一爐均琢器每尺炭價銀貳分貳釐

一嬌各色琢器每尺炭價銀伍釐陸毫

每件

一各種琢器每件欵字銀伍釐

一各種琢器每件彩欵字工飯銀陸分

一各種琢器每件印接獸面雙環耳工料銀壹錢

一各種琢器每件印接雙喜耳工料銀壹錢

一各種琢器每件印接雙鳳耳工料銀壹錢

一各種琢器每件印接雙帶如意耳工料銀壹錢

一各種琢器每件印接天禄耳工料銀壹錢

一各種琢器每件印接三陽耳工料銀壹錢

一各種琢器每件印接象耳工料銀壹錢

一各種琢器每件印接夔螭耳工料銀壹錢

一各種琢器每件印接靈芝工料銀壹錢

一各種琢器每件印接雙桃工料銀壹錢

一各種琢器每件印接底心工料銀壹錢

一各種琢器每件印接四繫耳工料銀伍分

一各種琢器每件印接三多耳工料銀伍分

一各種琢器每件印接雙璿耳工料銀伍分

一各種琢器每件印接罇瓶口工料銀伍分

一各種琢器每件印接壺嘴靶工料銀伍分

一各種琢器每件印接足工料銀伍分

一各種洋彩琢器摹彩（原無下文）

御寶工飯銀貳錢肆分

権務與督陶奏摺

江西布政使常德壽查訪安尚義在景德鎮燒造磁器摺

江西布政使奴才常德壽謹
奏爲據實奏明事竊奴才前恭請
訓旨蒙
皇上面諭着訪查安尚義在景德鎮燒磁有無招搖等因
欽此
欽遵奴才到任之後遵即密委經歷王聯芳至景德鎮地方細查據該員回稱安尚義之子現在楊州行鹽自康熙伍拾玖年起差伊家人馬自弘楊宗伙計俞登朝三人每年用銀玖千兩在景德鎮置買材料備工燒磁所燒磁器盡行載到揚州轉送進京歷年以來所用材料以及工匠價值俱預行給發並無短少亦無招搖生事等語奴才猶恐所訪未實又調浮梁縣知縣吴邦基到省細加面詢據稱安姓家人在鎮燒磁從前未知確實自邦基到任叁年以來並無招搖生事尅扣窑户亦無片紙到官甚屬安静等因出具印結存案爲此據實繕摺恭
奏以
聞

硃批知道了

雍正三年四月初三日
江西布政使奴才常德壽

年希堯到任淮安權署並兼管窑務摺

內務府總管管理淮安關務臣年希堯謹
奏爲奏
聞事臣蒙
皇上天恩
命管淮安關務於本年捌月拾柒日到任伏見我
皇上敬
天法
祖
勤民慎已之誠感孚上下山東河南等省皆倍常豐收秋冬之交舟船雲集百貨偕來臣仰體
皇上仁周澤溥之心事事推
惠達誠商販小民趨利樂輸錢糧更覺充裕臣查淮關每歲應徵解發正額並額外儘解共銀貳拾萬貳千餘兩臣自捌月拾柒日收至拾壹月拾陸日止共叁個月此壹季內已收銀拾伍萬捌千壹百柒拾捌兩零又自拾壹月拾柒日

以後至今叁拾餘日風寒河凍商販無多將來一至春融
客商輻輳貨税必敷計通前所收交春不日内可足一歲
之額則此後以至臣第肆季徵收錢糧悉屬贏餘銀兩臣
仰遵
聖訓惟有夙夜小心寛不敢縱嚴不敢刻體恤招徠
以冀
商便課豐少報委任之萬一今臣首季額銀已經解發
料理關務亦漸
硃批向來此関爲淮瘋子原不足爲憑按年秉公做去據
實奏聞就是了
有次第將乘歲首務閒客販稀少之時臣擬於次年正月初
柒日由臣淮安榷署啓行前赴江西景德鎮查看燒造磁器
計臣往返不過兩月有餘其逐日啓關驗放船隻與公文代
拆代行諸務委令淮安府通判姚正宣經管徵收錢糧上
庫眼同封啓交與税課大使辛梓林經管通判職非印官
大使係臣衙門收税之員均無地方專責可以兼顧即日檄
調赴關飭令用心辦理至一切窑務事宜容臣赴彼仔細
查看
另行奏
聞所有微臣赴鎮日期理合具摺恭
奏謹具奏
聞

硃批好

雍正四年十二月二十三日

年希堯至景德鎮視察窑務摺

内務府總管管理淮安關務臣年希堯謹
奏爲奏
聞事臣自本年正月初七日由臣淮安關署啓行前赴江西
業經具摺奏明臣抵景德鎮之後隨將窑務事宜斟酌料理
竊惟此番燒造磁器原議照依康照十九年之例動用錢
糧是彼時事屬盡善今宜踵循而行若稍有未協亦必更
改妥貼以期無負
皇上任使之萬一臣查十九年燒造磁器至二十五年工竣
已逾五載之久而燒成磁器共得一十五萬二千餘件動
用江省錢糧銀一萬三百餘兩若以現今之物料工價時
值計之甚屬相懸臣因檢查江西藩司衙門送到印信檔案
方知彼時燒造磁器時用物料俱派自饒屬七縣公捐匠
工食用則出自各窑户幫貼燒窑需用柴薪又係窑頭公
辦甚至差員日用米
硃批想當然耳
蔬亦係闔省之司道等官按月輪流供給是名雖開銷錢

糧實未於磁器之上動用分毫也臣仰體
皇上至公至明如此科派陋弊不敢絲毫效尤隨經行文
地方官嚴行禁止一切窑工物料並皆照時發給惟有稽
查浮冒糜費以重錢糧並嚴飭郎中臣趙元逐一遵照臣仍
不時察查不敢怠忽至於各種磁坯去年趙元到鎮鳩集
工匠即值冬寒水凍僅可蓋造坯房置辦器用及交春融
無日不雨不獨坯未乾燥窰座亦多潮濕查燒造磁器必
須胎坯顏料人工天時精好湊合方能如式現今趕造器
坯將來天氣晴明入窰燒得即可進
硃批不必急忙坯越乾愈好還有講究的坯必待數年入
窑方好之論若一匆忙可惜工夫物料置於無用
呈仰懇
聖恩俯賜
睿鑒再者馬士弘燒造酒圓俱書寫成化年號臣遵
俞旨傳唤馬士弘嚴行申飭據馬士弘口稱原係愚昧無
知惟有惶懼叩頭自行認罪其景德鎮燒造磁器俱不許
書寫明朝宣德成化年號字欵臣去歲到淮之後即遵將
旨意行知江南總督江西巡撫各衙門欽遵奉行臣到江西
知該督撫俱經轉行嚴示飭禁茲臣於二月十五日由景德
鎮起行旋淮三月初五日已抵臣署所有微臣赴鎮回署日
期理合恭摺
奏聞謹具摺奏

硃批馬士弘等不曾歸併一事摩坯房等事伊等先前窰
房不足用曾書合爲一事有用者留用無用者令伊等完
結他們所辦之事令其北上回京要尚義効力處可以不
必了他們所辦未完事物可着趙元接辦一切圖樣從前
所辦的數目皆留與趙元一免重復可明白知會伊等
奉行

雍正五年三月初九日

唐英進貢

進
內務府員外郎管理淮安關務奴才唐英
恭
進
瓷器茶壺貳件
瓷器花盆拾件
硃批乾隆元年十二月二十二日唐英進磁器

內務府總管奏請唐英
爲奉先殿祭用燒造磁器摺

總管內務府謹
奏爲請
旨事敬查
壇
廟
奉先殿祭祀所用磁罇爵籩豆盤毛血盤羹碗攸關甚重從前此項磁器俱由內庫備用但現今庫內此項磁器不全理合預行燒造除現今所有藍磁罇白磁罇爵外應燒造黃磁罇一百件爵二百隻毛血盤一百件籩豆盤四百件羹碗一百件藍磁爵二百隻毛血盤一百件籩豆盤四百件羹碗一百件白磁毛血盤一百件籩豆盤一千件羹碗一百件應請交與江西燒造磁器處員外郎唐英等令其敬謹加厚燒造齎送可也爲此謹
奏請
旨

乾隆二年五月十五日

乾隆元年分淮安關榷務奏銷摺

內務府員外郎管理淮安關務奴才唐英謹
奏爲請
旨事竊淮宿海三關每年經徵正額錢糧贏餘銀兩向來俱收加一火耗以作解費庫飯添平各項及江西景德鎮燒造瓷器等用其年希堯一切用費與家人書役等費用則槩取足於所收之飯食自年希堯被參飯食裁革所有三關書役之月工飯食與各口岸家人之食用等項經費業經前督臣趙弘恩議將一年錢糧贏餘二項所收之火耗抵用奴才養廉以及捐項亦在其中如有不敷即於贏餘銀內動用是督臣蚤知一年之火耗不敷一年之支用矣此奴才欽奉
恩旨管理關務於乾隆元年貳月貳拾日到任計督臣議定一年經費養廉僅陸萬餘兩而燒造瓷器工費之多少與發給　內造辦處南匠工食銀兩乃督臣所不知俱未造入經費册內若將此二項通筭在內每年必需柒萬餘兩奴才日夜鰓鰓計慮一年經徵正額贏餘未必盡有柒拾餘萬之多所收火耗何能恰抵柒萬餘兩之用則動用贏餘在所不免因奴才驟膺斯任又賦性愚鈍不諳事之顛末

未敢妄置一詞今一年屆滿伏查奴才自乾隆元年貳月貳拾日至乾隆貳年貳月拾玖日一年經徵淮宿海三關正額贏餘通共肆拾捌萬叁千貳伯兩有奇而所收火耗僅肆萬伍千貳伯餘兩則因内有田房契税每兩例止加耗伍分落地商税加一耗羨向例充税大使養廉及其衙門各役工食之用而清江淮城下卸之紬緞宿關紬緞布疋徐州過路車馱軋東流均二口所收錢糧從無分釐火耗故也除將一年正額贏餘銀兩俱按款分晰解部外其一年火耗肆萬伍千貳伯餘兩實不敷所定一年經費等用既無別項可動又不敢於贏餘銀内創始動用只得於年希堯及署關三任内用存貯庫火耗銀叁萬貳千肆伯兩内動用貳萬伍千陸伯餘兩而存庫火耗僅陸千捌伯餘兩矣即乾隆貳年經徵正額贏餘與元年不相上下所收火耗仍不敷用況淮宿等關經徵之鈔税大半出於豆貨目今河南山東淮北雨水未爲霑足現今日收錢糧較之元年已爲減少而秋成之豐嗇正額贏餘之盈縮均難懸定即如年希堯拾年任内贏餘多者叁貳拾萬及拾餘萬兩不等少者亦僅叁肆萬兩倘或奴才今年正額贏餘尚不及元年之數則火耗亦因而短少查前定經費内僅解費庫飯添平等項按照錢糧起解數目稍可減省而燒造瓷器與三關書役人等之月工飯食及南匠工食並各項經費條例已定俱係按月按季支發不能減省實無火耗充用矣雖年希堯及各署關存庫火耗尚有陸千捌伯餘兩然亦不敷湊用奴才至愚固知督臣前有動用贏餘之議第思贏餘即與正額錢糧無异均關

朝廷正帑若動一分之贏餘即虧一分之正帑已屬不可況每年贏餘之多寡難定設如年希堯雍正捌年内僅收贏餘叁萬伍千餘兩火耗貳萬肆千餘兩合計亦止伍萬餘兩即盡數充用仍少貳萬餘兩奴才何人而敢擅動贏餘創始取咎至於正額錢糧尤關國課章程斷無藉充經費擅動分毫之理更難冒昧從事奴才今管理一年已諳知顛末若不據實陳奏於前必至錯謬獲罪於後爲此繕摺豫行請

旨恭俟

皇上聖明鑒察督臣前議是否可行

硃批訓誨抑或

勅議請

旨欽定俾知遵守庶閭鄙如奴才者不致隕越是虞矣謹奏

硃批户部密議具奏

乾隆二年六月初九日

内務府爲唐英送變價脚貨磁器摺

爲
奏
聞磁器變價事前經管理淮關稅務内務府員外郎唐英
送變價脚貨磁器又
内庭收貯磁器奉
旨着交崇文門變價欽此又八月初一日太監高玉傳旨
着將庫貯康熙年號雍正年號所有磁器數目查明具
奏欽此查得庫貯康熙年號完全磁器二十六萬四千二
百餘件雍正年號有釁磁器十九萬四千二十五件雍正
年完全磁器九萬一千九百餘件有釁磁器四萬八千八
百二十四件於本月初六日繕寫摺片交太監高玉等轉
奏奉
旨着將康熙年號雍正年號完全磁器仍舊加謹收貯其
有釁釉水不全之磁器交造辦處令内大臣海望將瓶罐
等類磁器有應在
圓明園陳設者選出奏明陳設再内有位分磁器令茶膳
房選用其餘交崇文門變價欽此查得唐英送到辨（辦）
價脚貸（貨）（按此檔所據爲清宮抄存檔，抄存有錯）
脚貸磁器共計三萬六千四百十三件内看得有黄磁器
二千四百十二件非民間應用之器交庫收貯外應行辨
（辦）價磁器三萬四千一件原估價銀五千五百二十五
兩四錢二分七厘看得此項脚貸（貨）磁器多係釉水不
全火煆歪口失欵者既非色磁器可比且原估價值係按
例製造工料定價以過昂現今酌減二成估得價銀四千
四百二十兩三錢四分一厘六毫又查得内庭交出變價
磁器三萬五千九百八十八件估得價銀五千四百五十
九兩二錢五分又查内庫康熙年號有釁釉水不全磁器
十九萬四千二十五件雍正年號有釁釉水不全磁器四
萬八千八百二十四件内臣遵
旨選出瓶罐等類磁器二百九十四件請交
圓明園太監總管等遇有應行陳設之處應用茶膳房等
處選去磁器六萬三千五百二十三件又看得磁器内有
黄磁器三萬八百五十六件磁爵六百四十九件藍磁鼠
頭瓶四百二十九件係供
内庭及祭祀陳設應用之供未便估賣請仍貯庫外應行
變價磁器十四萬七千九十八件内八萬四百九十三件
雖有驚釁尚可應用估得價銀七千九百七十二兩六錢
九分其六萬六千六百六件驚釁過多酌估價銀三千三
百三十兩三錢以上磁器通共估得價銀二萬一千一百
八十二兩九錢八分一厘六毫隨傳王常保王慎德范毓

礸查得領買據伊等回稱看得磁器内惟瓶罐等項非民間常用之物一時難以發賣懇祈寬限照所估價隨領賣等語請即交王常保等領買其銀兩給限一年令其陸續
交納
圓明園以供應用所估磁器價值另繕清單恭呈御覽爲
此謹
奏等因於乾隆二年十月十六日具奏奉
旨知道了欽此

乾隆二年分選存 貳色琢元瓷器及估價黄册

內務府慶豐司員外郎臣唐英今將乾隆貳年分選
存貳色琢元瓷器估計價值敬繕
黄册恭呈
御覽
計開

貳色琢器

第壹桶
哥釉收小一號四方雙管瓶壹件價銀陸兩肆錢
均釉放大梅瓶貳件每件壹兩筭價銀貳兩
霽紅收小梅瓶拾陸件每件捌錢筭價銀捌兩捌錢
哥釉玉壺春壹件價銀貳兩
霽紅收小二號玉壺春柒件每件壹兩筭價銀柒兩

第貳桶
均釉三陽罇貳件每件捌錢筭價銀壹兩陸錢
大觀釉收小天球罇壹件價銀叁兩
霽紅膽瓶拾叁件每件捌錢筭價銀拾兩肆錢
填白釉膽瓶貳件每件貳錢筭價銀肆錢
霽紅觀音瓶陸件每件壹兩貳錢筭價銀柒兩貳錢
均釉蟠螭罇壹件價銀壹兩陸錢
霽紅膽瓶肆件每件壹兩貳錢筭價銀肆兩捌錢
翡翠收小鉢盂缸壹件價銀陸錢
霽紅半璧水丞貳件每件壹錢筭價銀貳錢
霽紅扁式水丞貳件每件壹錢筭價銀貳錢
哥釉柿子水丞壹件價銀叁錢
填白釉扁式水丞壹件價銀肆分
白定拱花蓮盒壹件價銀貳錢肆分

第叁桶
嘉窑青雲龍鉢盂大缸壹件價銀叁兩貳錢
大觀釉六方雙耳瓶叁件每件壹兩捌錢價銀伍兩肆錢
均釉雙環橄欖瓶叁件每件叁錢筭價銀玖錢
翡翠收小二號花瓶貳件每件壹錢伍分筭價銀叁錢

哥釉收小二號花瓶叁件每件壹兩貳錢筭價銀叁兩陸錢
霽紅玉梅瓶壹件價銀陸錢
哥釉收小扁方雙耳瓶叁件每件壹兩壹錢筭價銀叁兩叁錢
填白釉紙槌瓶叁件每件肆錢筭價銀壹兩貳錢
以上共叁桶計裝瓷器柒拾捌件
共估計價銀柒拾伍兩貳錢捌分

貳色元器

第壹桶
霽紅裏外六寸盤貳百貳拾件每件捌分筭價銀拾柒兩陸錢

第貳桶
霽紅裏外六寸盤壹百肆拾捌件每件捌分筭價銀拾壹兩捌錢肆分
宣窑裏外青串寶蓮三盌肆拾捌件每件肆分筭價銀壹兩玖錢貳分
宣窑裏外青洋花湯盌貳拾叁件每件叁分陸釐筭價銀捌錢貳分捌釐
淡描八仙酒元伍拾伍件每件肆分筭價銀貳兩貳錢
淡描月令酒元肆拾肆件每件貳分肆釐筭價銀壹兩伍分陸釐

第叁桶
填白釉三盌貳百陸拾件每件叁分貳釐筭價銀捌兩叁錢貳分

第肆桶
填白釉三盌貳百陸拾件每件叁分貳釐筭價銀捌兩叁錢貳分

第伍桶
填白釉三盌貳百陸拾件每件叁分貳釐筭價銀捌兩叁錢貳分

第陸桶
填白釉三盌叁拾陸件每件叁分貳釐筭價銀壹兩壹錢伍分貳釐
填白釉茶盌肆百件每件壹分陸釐筭價銀陸兩肆錢
填白釉鷄缸酒元貳拾伍件每件壹分陸釐筭價銀肆錢
填白釉大號墩子酒元叁拾壹件每件壹分陸釐筭價銀肆錢玖分陸釐
填白釉二號墩子酒元拾肆件每件壹分陸釐筭價銀貳錢貳分肆釐

第柒桶
填白釉茶盌壹百玖拾陸件每件壹分陸釐筭價銀叁兩壹錢叁分陸釐
嬌綠釉雲龍撇口宮盌壹百陸拾捌件每件肆分捌釐筭價銀捌兩陸分肆釐

第捌桶
填白釉無欵撇口宮盌貳百柒拾捌件每件貳分捌釐筭價銀柒兩柒錢捌分肆釐
嬌綠釉裏外雲龍撇口茶元拾壹件每件叁分貳釐筭價銀叁錢伍分貳釐
嬌綠釉裏外蟠桃湯盌拾貳件每件叁分陸釐筭價銀肆錢叁分貳釐

第玖桶

填白釉撇口宮盌壹百肆拾玖件每件叁分貳釐筭價銀肆兩柒錢陸分捌釐

龍泉釉裏外暗花斑子宮盌貳拾伍件每件叁分貳釐筭價銀捌錢

宣窑青花斑子宮盌拾捌件每件肆分肆釐筭價銀柒錢玖分貳釐

霽青斑子宮盌叁拾陸件每件捌分筭價銀貳兩捌錢捌分

宣窑紅三魚斑子宮盌拾叁件每件捌分筭價銀壹兩肆分

宣窑裏外青龍六寸盤拾玖件每件肆分捌釐筭價銀玖錢壹分貳釐

宣窑裏外青夔鳳六寸盤叁拾貳件每件肆分肆釐筭價銀壹兩肆錢捌釐

茄色釉裏外雲龍瑞芝三寸碟貳拾件每件貳分捌釐筭價銀伍錢陸分

嬌紫釉裏外雲龍葡萄四寸盤肆件每件叁分貳釐筭價銀壹錢貳分捌釐

第拾桶

填白釉八寸盤壹百件每件叁分貳釐筭價銀叁兩貳錢

填白釉湯盌壹百肆拾壹件每件肆分筭價銀伍兩陸錢肆分

第拾壹桶

填白釉八寸盤壹百貳拾貳件每件叁分貳釐筭價銀叁兩玖錢肆釐

紫金釉湯盌拾伍件每件叁分貳釐筭價銀肆錢捌分

淡描裏外諸仙拱祝七寸盤拾壹件每件肆分捌釐筭價銀伍錢貳分捌釐

淡描裏外並蓮七寸盤拾件每件肆分肆釐筭價銀肆錢肆分

宣窑裏外青花七寸盤伍件每件捌分筭價銀肆錢

宣窑裏外青把蓮收小五寸盤伍件每件伍分筭價銀貳錢伍分

宣窑裏外青花收小五寸盤玖件每件伍分筭價銀肆錢伍分

第拾貳桶

填白釉六寸盤壹百貳拾件每件貳分捌釐筭價銀叁兩叁錢陸分

宣窑裏外青夔龍磬口宮盌貳拾件每件伍分貳釐筭價銀壹兩肆分

淡描裏外方勝放大八寸盤叁拾柒件每件肆分筭價銀壹兩肆錢捌分

嬌緑釉裏外雲龍磬口宮盌拾件每件肆分捌釐筭價銀肆錢捌分

霽青裏外收小五寸盤拾壹件每件捌分筭價銀捌錢捌分

填白釉菊瓣六寸盤拾柒件每件捌分筭價銀壹兩叁錢陸分

宣窑裏外青木樨花四寸盤貳拾肆件每件叁分貳釐筭價銀柒錢陸分捌釐

第拾叁桶

填白釉六寸盤壹百貳拾叁件每件貳分捌釐筭價銀叁兩肆錢肆分肆釐

宣窑裏外青串寶蓮五寸盤貳拾叁件每件叁分貳釐筭價銀柒錢叁分陸釐

填白釉青邊七寸盤伍拾貳件每件叁分貳釐筭價銀壹兩陸錢陸分肆釐

填白釉青邊收小五寸盤叁拾伍件每件貳分肆釐筭價銀捌錢肆分

第拾肆桶

填白釉七寸盤捌拾捌件每件肆分捌釐筭價銀肆兩貳錢貳分肆釐

宣窑裏外青木樨花三盌拾肆件每件捌分筭價銀壹兩壹錢貳分

宣窑裏外青洋花七寸盤叁拾伍件每件肆分筭價銀壹兩肆錢

紫金釉裏外合歡六寸盤拾陸件每件肆分筭價銀陸錢肆分

填白釉三盌貳拾肆件每件肆分捌釐筭價銀壹兩壹錢伍分貳釐

填白釉四寸盤肆拾貳件每件肆分筭價銀壹兩陸錢捌分

嬌紫釉雲龍撇口湯盌陸拾叁件每件肆分筭價銀貳兩伍錢貳分

宣窑裏外青花三友湯盌叁件每件肆分捌釐筭價銀壹錢肆分肆釐

宣窑裏外青八卦雲鶴宮盌叁件每件伍分貳釐筭價銀壹錢伍分陸釐

第拾伍桶

嬌綠釉裏外撇口八寸盤壹百拾件每件肆分捌釐筭價銀伍兩貳錢捌分

茄色釉裏外大盌拾肆件每件陸分肆釐筭價銀捌錢玖分陸釐

嬌綠釉裏外大盌貳拾捌件每件陸分肆釐筭價銀壹兩柒錢玖分貳釐

第拾陸桶

嬌綠釉裏外雲龍撇口七寸盤玖拾玖件每件伍分貳釐筭價銀伍兩壹錢肆分捌釐

嬌紫釉裏外雲龍撇口七寸盤貳拾伍件每件伍分貳釐筭價銀壹兩叁錢

淡描金錢花湯盌拾陸件每件肆分捌釐筭價銀柒錢陸分捌釐

汝釉裏外湯盌拾叁件每件捌分筭價銀壹兩肆分

宣窑裏外青花八寶高足湯盌玖件每件伍分筭價銀肆錢伍分

淡描鬬彩宮盌陸件每件貳分捌釐筭價銀壹錢陸分捌釐

茄色釉裏外茶盌貳拾柒件每件貳分肆釐筭價銀陸錢肆分捌釐

嬌綠釉裏外茶盌貳拾貳件每件貳分肆釐筭價銀伍錢貳分捌釐

茄色釉雲龍海水茶盌伍拾玖件每件貳分捌釐筭價銀壹兩陸錢伍分貳釐

嬌紫釉裏外雲鶴五寸盤拾貳件每件肆分筭價銀肆錢捌分

淡描裏外青地雲龍宮盌柒件每件伍分伍釐筭價銀叁錢捌分伍釐

第拾柒桶

嬌綠釉裏外七寸盤叁拾捌件每件肆分捌釐筭價銀壹兩捌錢貳分肆釐

茄色釉裏外撇口七寸盤叁拾貳件每件肆分肆釐筭價銀壹兩肆錢捌釐

嬌緑釉裏外撇口七寸盤叁拾貳件每件肆分肆釐筭價銀壹兩肆錢捌釐

嬌緑釉裏外三盌拾柒件每件叁分陸釐筭價銀陸錢壹分貳釐

茄色釉裏外雲龍四寸盤貳拾伍件每件叁分貳釐筭價銀捌錢

嬌緑釉雲龍茶盌玖拾叁件每件貳分捌釐筭價銀貳兩陸錢肆釐

宣窑青木樨花茶盌貳拾玖件每件貳分捌釐筭價銀捌錢壹分貳釐

第拾捌桶

嬌緑釉裏外大盌貳拾壹件每件壹錢筭價銀貳兩壹錢

嬌緑釉裏外大盌拾陸件每件壹錢筭價銀壹兩陸錢

宣窑青葡萄大盌拾貳件每件壹錢陸分筭價銀壹兩玖錢貳分

填白釉放大四寸盤柒拾貳件每件貳分肆釐筭價銀壹兩柒錢貳分捌釐

月白釉裏外放大四寸盤叁拾壹件每件貳分肆釐筭價銀柒錢肆分肆釐

填白釉酒元拾肆件每件壹分陸釐筭價銀貳錢貳分肆釐

淡描裏外鬭彩茶元柒件每件壹分陸釐筭價銀壹錢壹分貳釐

宣窑青花香草酒元柒件每件貳分肆釐筭價銀壹錢陸分捌釐

宣窑青花吉祥茶元拾叁件每件貳分捌釐筭價銀叁錢陸分肆釐

宣窑裏外青密菊茶元拾肆件每件叁分貳釐筭價銀肆錢肆分捌釐

第拾玖桶

茄色釉裏外雲龍六寸盤叁拾件每件肆分筭價銀壹兩貳錢

嬌緑釉裏外雲龍六寸盤肆拾柒件每件肆分筭價銀壹兩捌錢捌分

填白釉暗海水六寸盤肆拾件每件肆分筭價銀壹兩陸錢

嬌緑釉六寸盤陸拾壹件每件叁分貳釐筭價銀壹兩玖錢伍分貳釐

填白釉撇口茶盌壹百貳拾陸件每件貳分肆釐筭價銀叁兩貳分肆釐

茄色釉裏外宮盌貳拾壹件每件叁分貳釐筭價銀陸錢柒分貳釐

嬌緑釉裏外宮盌陸件每件叁分貳釐筭價銀壹錢玖分貳釐

第貳拾桶

嬌緑釉裏外尺四盤拾貳件每件貳錢捌分筭價銀叁兩叁錢陸分

填白釉宮盌壹百捌拾陸件每件肆分筭價銀柒兩肆錢肆分

第貳拾壹桶

填白釉羹盌叁拾柒件每件壹錢筭價銀叁兩柒錢

嬌紫釉雲龍宮盌玖拾柒件每件肆分捌釐筭價銀肆兩陸錢伍分陸釐

嬌紫釉雲龍湯盌柒拾陸件每件肆分筭價銀叁兩肆分

淡描裏外瑞芝三寸碟拾肆件每件貳分筭價銀貳錢捌分

宣窑青雙龍茶盌玖件每件叁分貳釐筭價銀貳錢捌分捌釐

淡描裏外流芳三寸碟拾件每件貳分捌釐筭價銀貳錢捌分

第貳拾貳桶

填白釉尺四盤玖件每件貳錢肆分箅價銀貳兩壹錢陸分

嬌緑釉裏外雲龍月季花尺二盤叁件每件肆錢箅價銀壹兩貳錢

嬌紫釉雲龍高足宮盌玖拾叁件每件肆分捌釐箅價銀肆兩肆錢陸分肆釐

嬌緑釉裏外團龍宮盌叁拾肆件每件肆分捌釐箅價銀壹兩陸錢叁分貳釐

填白釉放大磬口茶元柒拾叁件每件貳分肆釐箅價銀壹兩柒錢伍分貳釐

宣窑青蓮八寶放大茶元叁拾肆件每件叁分陸釐箅價銀壹兩貳錢貳分肆釐

宣窑青串蓮槀放大茶元叁拾陸件每件叁分貳釐箅價銀壹兩壹錢伍分貳釐

第貳拾叁桶

嬌緑釉裏外磬口尺四盤陸件每件貳錢捌分箅價銀壹兩陸錢捌分

填白釉暗把蓮尺四盤叁件每件叁錢箅價銀玖錢

紫金釉茶盌貳拾伍件每件貳分捌釐箅價銀柒錢

紫金釉裏外湯盌陸拾叁件每件叁分貳釐箅價銀貳兩壹分陸釐

嬌紫釉雲龍敞口宮盌捌拾件每件肆分捌釐箅價銀叁兩捌錢肆分

嬌紫釉雲龍敞口宮盌肆拾叁件每件肆分捌釐箅價銀貳兩陸分肆釐

填白釉三寸碟陸拾陸件每件貳分肆釐箅價銀壹兩伍錢捌分肆

填白釉茶盌玖拾玖件每件叁分貳釐箅價銀叁兩壹錢陸分捌

填白釉茶元壹百拾捌件每件叁分貳釐箅價銀叁兩柒錢柒分陸釐

嬌緑釉裏外雲龍湯盌柒件每件肆分箅價銀貳錢捌分

以上共貳拾叁桶計裝瓷器陸千肆百陸拾柒件

共估計價銀貳百伍拾叁兩柒分玖釐

爲淮安宿遷海關歸併分設口岸難於管理摺

内務府員外郎管理淮安關務奴才唐英謹奏爲據實

陳情仰祈

睿鑒事切奴才係内務府微員至愚至賤荷蒙

列聖天恩豢養肆拾餘年又奉

差江西辦理窑務數載涓埃未報荷蒙我

皇上畀以淮關重務

恩加連任

厚賜養廉兩載以來惟以公慎自矢不敢一時少懈但受

恩愈重仰報愈難今届差滿之期所有螻蟻下悃敢爲我

皇上敬陳之查淮安一關與宿遷海關三關歸併分設口

岸共計貳拾捌處每處需用家人一二名不等協同書役分查報納以防侵漏一月一換兩班約需七八十人奴才家世寒微奴僕甚少不得不用長隨以供差遣但此輩鑽附飽颺理勢必然奴才司榷兩載幸免隕越者緣此輩投靠方新弊竇未諳且與書役人等未甚熟習鈐束尚易再加奴才稽查嚴密各口家人一月一換巡役半月一輪勾串無因故不能通同作弊但淮宿海三關分設之口岸周袤六七百里恐時日久長家人長隨與書役人等心情漸熟表裏作奸此木久蠹生從前監督所以歲一更換也奴才以一人之耳目受衆人之欺矇勢不能分身週遍萬一覺察稍有未到不獨奴才罪無可逭抑且

國課攸關奴才非不知司榷一日有一日之職掌即有一日之養廉但受

恩深重自應先公後私爲此據實陳情仰懇

皇上遴選才能之員於奴才乾隆叁年正月期滿之日接任管理實於課稅商民均有裨益至於奴才犬馬餘年精力尚壯何敢一息偷安倘蒙

天恩俯准回京當差效力少報

高厚於萬一則奴才有生之年皆頂戴

天恩之日矣謹繕清摺具

奏伏祈

皇上睿鑒施行奴才無任悚慄之至謹

奏

硃批此奏不准行仍時刻約束家人衙役可也

乾隆二年十一月十五日

唐英進貢

進

内務府員外郎管理淮安關務奴才唐英恭

進

如意玖件

淳化貼壹部

古墨貳匣

楠木如意書桌壹對

彩漆如意書桌壹對

彩漆如意書架壹對

洋彩花盆拾件

硃批乾隆二年八月初十日管理淮安關唐英進單

乾隆二年八月初十

進

內務府員外郎管理淮安關務奴才唐英恭

進

慶雲寶座壹元
五福屏風壹座
洋漆書案壹張
硃砂龍箋百幅
古硯貳方
湖筆貳匣
古墨貳匣
洋彩瓷燈肆對
均窑提琴貳對

燒造瓷器用費摺

內務府員外郎管理淮安關務奴才唐英謹奏爲請
旨事江西景德鎮燒造瓷器工費向動淮關火耗銀兩至

乾隆元年貳月內奴才荷蒙
聖恩由窰廠調管淮關而窰工暫行停止嗣於元年五月內復經內務府傳辦瓷器無多共用銀壹千貳百叁拾餘兩乾隆貳年內務府差催總默爾參莪來南減半燒造一年工料解費等項共用過銀玖千肆百肆拾捌兩零俱有冊存案但淮關鈔銀向收火耗飯食二項以爲費用火耗不敷即以飯食補用是以前監督年希堯辦瓷十載火耗足用也今淮關革除飯食止有加一火耗以爲一切經費如有不敷酌動贏餘但贏餘即係正項例由户部考核前於淮關經費冊內約開窰工並造辦處南匠二項每年共銀壹萬兩內除南匠工食壹千捌百餘兩窰工實止捌千壹百餘兩此據減半燒造之數約畧而計也今一年閱滿窰工共用過銀玖千肆百肆拾捌兩零冊內約開之數實不敷用奴才檢查舊案年希堯辦瓷以來一年有用至壹萬肆伍千兩不等南匠工食與別項傳辦公事尚不在內今定以壹萬兩之數窰工已多用過銀壹千貳百柒拾餘兩恐一時再另有傳辦公事將來不敷所用向來淮關承辦事件俱由內務府傳諭部中無案可稽且所用贏餘部中無從核銷恐干駁詰奴才伏查上年拾貳月內户部覆准三關經費案內龍江關每年於贏餘內留辦公銀壹萬兩滸墅關每年於贏餘內留備用銀叁萬兩奴才不揣冒昧仰懇
聖恩淮關於贏餘內每年酌留貳萬兩凡窰工南匠以及

一切傳辦公事俱於貳萬兩内動用每年造冊送内務府核銷如有餘存亦解交内務府收用一面報部存案如此按年清銷庶辦差不致有悞動用亦易稽查矣奴才愚昧之見是否可行伏乞
聖明睿定倘蒙
恩准奴才更有請者淮安關於貳年閏玖月内築壩挑河貨税停徵贏餘無幾今淮關庫内有年希堯交存樓飯九五色銀壹萬壹千貳百餘兩前任動用過壹千兩尚存壹萬貳百餘兩此非正項錢糧可否將此項留爲本年上半年窰工南匠併傳辦公事之用其餘俟收有贏餘再留壹萬兩共成三年分留辦貳萬兩之數爲此一併
奏
聞請
旨伏祈
皇上睿鑒訓示施行謹
奏
硃批知道了

乾隆三年正月二十八日

内務府爲唐英燒造奉先殿祭祀磁器有的不堪應用要其賠補燒造摺

總管内務府謹
奏爲奏
聞事查乾隆二年五月十五日經臣衙門
奏准敬查
壇
廟
奉先殿祭祀所用磁罇爵籩豆盤毛血盤羹碗攸關甚重從前此項磁器俱由内庫備用但現今庫内此項磁器不全理合預行燒造除現今所有藍盤磁罇白磁罇爵外應燒造黄磁罇一百件爵二百隻毛血盤一百件籩豆盤四百件羹碗一百件盤磁爵二百隻毛血盤一百件籩豆盤四百件羹碗一百件白磁毛血盤一百件籩豆盤一千件羹碗一百件應請交與江西燒造磁器處員外郎唐英等令其敬謹加厚燒造齎送等因具
奏奉
旨知道了欽此欽遵隨將式樣送與員外郎唐英令其燒造去後今此項磁器業經俱各如數造竣送到臣等隨委員

揀選得可以應用之黄白色磁罇爵碗盤外其藍色磁爵二百隻羹碗一百件毛血盤一百件籩豆盤四百件内揀出釉水不全爵四十五隻羹碗三十六件毛血盤三十八件籩豆盤二百十二件此項器皿俱係不堪應用相應退回着落唐英照數賠補敬謹燒造賫送仍嚴行文諭唐英將嗣後凡燒造磁器務令敬謹燒造可也臣等將送到堪用之磁器各擇一件以備

御覽爲此

奏

聞

乾隆三年九月初十日

海望爲唐英主管宿遷関兼理窑務諸多不便摺

臣海望謹奏爲遵

旨議奏事據唐英奏稱奴才荷蒙

聖恩着令管理宿遷關税兼理窑務伏思燒造瓷器雖係瑣細工藝必須諳練熟查時與匠工講究方得全美但默爾參峩管理窑工僅止二年未能諳練深悉以致瓷器糙粗數目減少奴才從前在窑九載頗知底裡今宿遷關去江西窑廠約二千二百餘里實有鞭長莫及之虞仰懇

天恩畀令奴才前往窑廠專司瓷務得以親身造辦庶瓷器可以全美多得至宿遷關向係淮徐道兼管續後淮安關兼管並無印信衙署庫地可否仍歸淮安關兼管不獨駕輕就熟且可省添鑄關防設立庫署之繁等語　查宿遷關向係淮徐道兼管因屢報缺額於雍正五年題明歸併淮安關管理今據唐英奏稱向無設立衙署庫地今若另行設立耑(專)員管理必須創建衙署庫房及添設書巡人役工食監督養廉等項約需數千兩未免需費浩繁查宿遷關正額銀五萬兩盈餘每年一二萬兩近因築壩挑河現報缺額三千餘兩倘一年所收火耗不敷經費恐致虧動正課似應循照舊例仍歸淮安關暫令三保兼管以省繁費且唐英管窑年久實屬諳練之員使其專司窑務令默爾參峩幫辦庶燒造瓷器不致貽悮再查燒造瓷器向係淮安關火耗銀内動支乾隆二年經江督那蘇圖會同淮安關唐英具奏因減除火耗經費不敷在於盈餘銀内留存銀二萬兩以爲傳辦公事之用等因户部覆准在案應將窑廠所用銀兩每年在於淮安關留存銀二萬兩内支領銀一萬兩應用每年將用過銀兩數目令唐英具摺奏聞仍造細冊呈送内務府核銷如有餘剩留作次年接續燒造之用如有不敷奏請添支再唐英從前管理窑工每年支領養廉銀數百兩今唐英默爾參峩應需養廉

銀兩即令在支領銀一萬兩内照前酌定之數動支一併入冊報銷如蒙俞允臣行文三保唐英遵照辦理可也爲此謹奏請旨

乾隆三年十二月初六日

遵旨赴景德鎮窑廠專司陶務摺

内務府員外郎奴才唐英謹奏爲恭謝天恩事

竊照兩淮鹽臣三保於乾隆三年十一月十七日奉旨協辦淮關奴才隨將到任日期奏報在案續於十二月初八日接户部札付奉上諭淮泰既不能前往淮關淮關税務即令三保署理唐英單管宿遷關税務兼燒造瓷器欽此欽遵移明鹽臣三保欽遵三保於十二月十九日到淮任奴才於十二月十八日交印卸事訖今正月二十日准署淮安關兩淮鹽臣三保咨准户部札付内開内務府總管海望議奏宿遷關税務暫令辦理淮安關税務三保兼理燒造瓷器事務令唐英專司等因奉旨知道了欽此欽遵奴才恭設香案望闕叩頭謝恩訖一面即將宿遷關書役文卷等件於乾隆四年正月二十日移送三保交收管理在案

伏念奴才犬馬愚賤荷蒙天恩因優渥異命叠頒感激之私不禁涕零奴才惟有竭力燒造悉心辦理以仰報高厚於萬一奴才現將江西解淮上色瓷器九千三百七十五件業於正月十二日由陸路運送進呈尚有次色瓷器二萬一千餘件奴才攢造册籍收拾裝桶由水路運送進京奴才俟水運瓷務一竣星赴江西辦理窑務除到廠日期另摺奏報外所有奴才感激微忱恭摺奏謝天恩並將淮關宿關交代日期一併奏聞伏祈聖鑒謹奏

硃批知道了

乾隆四年正月二十三日

奏請改由九江關動支銀兩經辦陶務摺

内務府員外郎奴才唐英謹奏爲奏明請旨事

竊照江西窑廠燒造瓷器於淮關贏餘内每年留辦公銀二萬兩以爲窑工並辦差等用奴才前於乾隆三年十一月内循照往例奏請乾隆四年分窑工仍在淮關辦公銀内動支經内大臣海望議復每年於淮關留存銀内支領一萬兩以爲燒瓷之用如有不敷再行奏請添支等因奏准行知在案

奴才再加思維竊以從前動用淮關銀兩緣江西所造瓷器先運至淮關署内配成匣座轉運至京所以動用

淮關銀兩庶覺便易但配座解運諸事年希堯經辦數年得以諳熟奴才自雍正六年出差窑廠兩三年到淮一次面與年希堯講究配座解運諸事是以乾隆元二三等三年奴才在淮料理匣座收拾解運不致有誤今奴才荷蒙天恩畀令專司窑務凡燒造之器配座裝桶解運奴才俱在江西一手辦理直送京師以免由淮繞道耽延時日既不在淮配座解運似不必專需淮關銀兩况淮關去江西二千餘里從前淮關解銀到廠俱咨明兩江總督臣沿江撥兵護送夜則寄貯地方官庫未免文案聲揚且恐傳造器多每年一萬兩不敷所用奏准之後再移淮請領往返動經數月匠作人等不能停工以待且今再用淮關銀兩不無遠不及濟之虞奴才思江西有九江一關附近窑廠二百四十里移取甚便或於九江關贏餘内每年動支一萬兩如不敷用再行奏請添支年滿報銷淮安九江兩關均屬贏餘錢糧一轉移之間不獨於公事有濟且免護送聲揚之繁

奴才犬馬下愚因公籌畫冒昧瀆陳是否可行仰懇皇上聖明訓示抑或勅議請旨欽定俾知遵守奴才頂戴鴻慈於靡既矣奴才無任悚惶之至謹奏

硃批有旨命汝管九江關税矣望汝即照此奏辦理可也

乾隆四年正月二十三日

奏到景德鎮窑廠日期摺

内務府員外郎奴才唐英謹奏爲恭報到廠日期事竊奴才荷蒙皇上隆恩俯鑒宿關與窑廠相距遥遠製造不能兼顧恩允奏請俾得專司窑務奴才欽遵諭旨將淮宿海三關事務於正月二十一日與署淮關兩淮鹽臣三保陸續交待清楚並將先造之瓷器分作水陸兩運前後送京奴才即於二月初二日自淮起身至本月二十八日抵江西窑廠隨於三月初一日開工所有應造各種器皿現在挨次攢造但奴才自乾隆元年正月内離廠管理淮關迄今三載凡廠中一切事宜另應悉心料理容奴才逐一清厘敬謹造辦陸續攢運呈進外所有到廠日期謹恭摺奏聞伏祈聖鑒謹奏

硃批知道了

乾隆四年三月初六日

管理淮宿等關准泰奏請唐英就近九江關動支窑務費用摺

上駟院卿管理淮宿等關稅務奴才准泰謹奏爲請
旨事竊奴才檢查舊案本年二月間准工部劄開內務府總
管海望議覆淮關監督唐英具奏前往江西燒造瓷器一
案應將窑廠所用銀兩每年在於淮安關留存銀二萬兩
內支領銀一萬兩應用每年將用過銀兩數目令唐英具
摺奏
聞仍造細冊呈送內務府核銷等因在案伏思燒造瓷器
所需工料銀兩原因在江燒造之員無項可支故不憚遠
赴淮關支領應用遥遥二千餘里山程水驛既恐踈虞又
多脚費如果在江有項終不若就近改支之爲便也兹監
督唐英已蒙
皇上命管九江關務是督榷之使即係監造之員出納一
手取資甚便所有燒造瓷器銀一萬兩應請
勅下內務府總管行令監督唐英自乾隆四年爲始改於
九江關火耗或盈餘銀內就近動支一年用過數目仍聽
唐英自行造冊報明內務府核銷其淮關每年止湏於盈
餘項下存留銀一萬兩以備南匠工食並一切傳辦公事
之用年終奴才照例報銷如此一轉移間辦公税項均得
清楚矣是否有當伏乞
皇上睿鑒訓示遵行謹
奏請
旨
硃批海望議奏

乾隆四年五月十一日

奏請赴窑廠經理陶務由九江知府照管關務摺

內務府員外郎管理九江關務奴才唐英謹奏爲預
籌辦公事宜恭請聖裁以便遵行事
竊照窑廠諸務奴才承辦有年久所熟悉其最關緊
要之時在春則於二三兩月秋則於八九等月蓋二三月
間當開工之始所有器皿各樣俱須定准至調停釉水配
搭顔料皆於此時料理其八九月之候風日高燥於坯胎
火候均爲合宜正當陶成各器之時揀選講究尤在熟諳
之人親身經理今奴才管理九江關務原爲就近窑廠可
以及時照看除今歲三月間奴才在廠親自辦理外擬於
八月内届窑工正盛之時奴才再行赴廠以經理其事惟

是關廠往返兼之揀選講究須在廠數天計以半月爲率
在關務日有標單收兑放關諸事勢必需員經管方免疏
虞奴才伏念關署緊傍府城若奴才赴廠之日得委九江
府知府就近暫爲照管彼此俱無廢事而於廠務關務亦
均有裨益
　奴才爲公事起見預籌及此可否仰邀聖恩俯准奴
才所請俾嗣後赴廠以便欽奉遵行奴才不勝悚惶待命
之至謹奏
　硃批告之岳濬照汝所請行
　　　　　乾隆四年六月二十五日

海望奏請唐英長子文保進京當差二子寅保隨任幫助摺

　　　　臣海望謹
　　奏爲遵
旨議奏事本月十六日太監王常貴等交出唐英奏爲
仰懇
聖恩令伊子文保進京當差効力次子寅保賞隨任幫助
等因一摺傳
旨准照唐英所請留寅保隨任幫助令文保進京當差應
當何差之處着海望議奏欽此欽遵臣查唐英所進瓷器來
京必需接辦之人庶有裨益謹議得文保在造辦處當栢
唐阿差使庶得以照看瓷器郎文保亦蒙
恩得當差効力矣爲此謹
　奏請
旨乾隆四年八月十七日具
　奏奉
旨依議欽此
　八月十七日
　照議覆唐英長子文保著在造辦處當直無誤

榷務期届奏請解任摺

　内務府員外郎管理九江關務奴才唐英謹奏爲差期
將届恭摺請
旨事竊奴才於乾隆肆年叁月内在窑廠欽奉
硃批有旨命汝管九江關税務矣汝即照此奏辦理可也奴
才荷蒙
皇上格外殊恩欽遵之下不勝感激惶悚隨於乾隆肆年
肆月貳拾柒日管理九江關税務届今乾隆伍年正月貳
拾陸日已經叁季仰沐

聖澤充周商船鱗集課税頗爲饒裕計至肆月貳拾陸日
一年之期已滿查關差舊例於未滿任兩三月前呈明部
院預
題更換今奴才管理九江關税欽奉
恩旨未便呈請部院代
題所有奴才管理日期已將屆滿合先繕摺
請
旨恭候
欽點賢員以便臨期更换伏祈
皇上睿鑒施行謹
奏
硃批汝再接管可也

乾隆五年二月初一日

奏請採買補倉船隻照章納税摺

内務府員外郎管理九江關務奴才唐英謹奏爲請
旨飭定採買之船料以便繳收以重税課事
竊奴才欽奉聖恩管理九江關務恐負聖上隆恩時
刻小心兢惕因不敢苛激以厲商亦不敢徇情以漏課凡
有奴才胡涂未決之處只得請旨遵行伏查九江一關不
收貨税止收船料於題定則例内有差船一條開載凡因
公務往來俱爲差船除勘合火牌不納料外餘皆驗看船
之大小照商例繳收是差船無勘合火牌者在徵收之例
也今有採買米穀船隻一種有偶因偏灾奉旨賑濟委員
採買者其船則甚多奴才於乾隆四年接到西江督臣來
文欽奉恩旨暫免商人米穀之税奴才仰體聖上軫念灾
黎之至意一應採買米穀船隻俱免繳料税計已萬有餘
兩惟是常年補倉米各悉從江西湖廣購買九江連四省
採買之船隻絡繹不絶其船皆開銷水脚銀兩於民間遍
募即與往來各船無异自應一律完料若皆免繳則於課
帑實多虧損故則例内亦無免繳之條但採買之佐雜等
官以補倉米穀係屬公務來往俱不令船户完納奴才愚
昧恐採買之微員丁屬借口公務討關之名以遂其短扣
水脚之私是公項與關項俱在侵漏中矣請前後凡有採
買購得米穀該地方官於其文内聲明仍免繳船料以廣
皇仁其補倉米穀則常年採買其船甚多且既開銷水脚
似不應更免料税以啓營私之漸致侵課帑之實奴才實
不敢以差期將滿疏忽辦事有負皇上隆恩以徇一時情
面惟就國課而計不得不將前項採買船隻分别應繳應
免仰請聖裁以爲管各關官員永遠奉行之准
奴才實因公起見謹繕摺請旨伏祈皇上睿鑒施行
謹奏

奉硃批該部議奏欽此

乾隆五年二月十七日

内務府大臣海望除派六十三協助燒造磁器摺

臣海望謹奏爲遵旨除派人員事
上年員外郎唐英具奏燒造磁器一摺着臣派員前往監造欽此臣思燒造磁器必得通曉人員無有裨益臣看得内務府員外郎六十三前由藥房筆帖式隨年希堯在江西燒造磁器三年換回曾經燒造自必熟悉再玻璃廠支署催總永泰在廠監造玻璃燒煉珐瑯二十餘年頗爲熟悉查燒造玻璃珐瑯與燒造磁器事可相通謹擬此二員具奏恭侯皇上派出一員令其前往燒造照例三年換回一應燒造事務仍聽員外郎唐英指示照看可也爲此謹奏請
旨
（乾隆）六年正月二十五日交奏事太監王　等轉
領引見欽此

唐英進貢

内務府員外郎管理九江關務奴才唐英恭進
顧繡包鑲洪福如意寶座全分
鑲嵌愽古書案壹張
連四香袋貳對
連二香袋貳對
繡香袋壹百箇
堆紗香袋壹百箇
堆紗桂花香牌壹百箇
玲瓏桂花香牌壹百箇
宫扇貳拾柄
畫扇壹百柄
漆紗壹百疋
葛布壹百疋
五彩瓷凉墩貳對
瓷鵝拾隻
瓷鴨陸隻
瓷鷄肆隻
内摺壹件

乾隆六年四月初一日

内務府員外郎管理九江關務奴才唐英恭進

瓷　佛　叁　尊
顧繡迎手靠背坐褥全副
湘　妃　竹　粧　臺　貳　對
洋　漆　描　金　面　盆　叁　對
湘　妃　竹　被　薰　貳　對
繡　荷　包　面　貳　百　副
包　鑲　手　爐　拾　捌　個
洋漆描金宜興茶壺拾捌把
象　牙　花　盆　景　玖　盆

海望有關六十三赴任協辦燒造磁器路上出事召回奏明摺

臣海望謹奏爲遵
旨查奏事據安徽巡撫陳大受將派往江西協辦燒造磁器之員外郎六十三沿途情節據實陳奏一摺奉
硃批海望查奏欽此臣查上年九江關監督唐英因協辦催總員缺奏請派員前往奉
旨著臣揀選派往臣遵即於内務府屬員内揀選因員外郎六十三向日曾隨年希堯燒造磁器三年量能熟習隨將燒造事宜詳加詢問據其應對頗皆明諳且伊由藥房筆帖式洊陞員外郎行走多年並無劣蹟是以奏請派往今據撫臣陳大受所奏該員前站腰插白旗上寫
欽差户部字樣至接見各員諸事悉係家人在旁指揮復遣家人持帖往候巡撫並將兵部出城司票一紙及内務府代奏請
訓摺稿一件並查取善燒磁器匠役
旨意一道送看等語臣前因六十三曾經燒造磁器三年尚覺熟諳且其平日亦未著有劣迹不意伊甫行在途即爾不安本分妄稱
欽差實屬愚昧已極至臣從前選派時未將該員不能安静之處豫爲覺察遽行奏派咎亦難辭所有燒造磁器不便仍令六十三前往自應遵
旨撤回相應奏明行文知照安徽撫臣陳大受並九江關監督唐英於文到日即將六十三遣令回京其該員沿途不自檢束招摇逗遛之處統俟伊到京後臣再行詳加查訊據實恭
奏至協辦燒造磁器之員容臣另行慎選俟得人後帶領
引見恭候
派出前往監造可也謹將傳唤燒造磁器匠役欽奉俞旨一道及代六十三奏報起程原摺片一併鈔録敬呈

御覽爲此謹奏

乾隆六年五月十九日具奏奉旨依議其要磁器匠之旨意錯了着改寫欽此

乾隆六年五月十九日

遵旨敬謹辦理陶務摺

内務府員外郎管理九江關務奴才唐英謹奏爲恭謝天恩仰祈睿鑒事

竊奴才於乾隆六年五月二十日接到怡親王諭字内開乾隆六年四月十二日奉旨唐英燒造上色瓷器甚糙釉不好瓷器内亦有破的着怡親王寄字唐英欽此欽遵相應傳去等因奴才欽承之下不勝戰栗栗惶

伏查上年秋間正值監造催總默爾森額抱病之時奴才又距廠三百餘里不能逐件指點以致所得瓷器不無粗糙至運解到京一路換船前進幾經扛抬搬運未免動摇磕觸致有破損之件此皆奴才料理未周疏忽之咎實難自逭蒙皇上隆恩不加嚴譴惟命怡親王寄字教導奴才犬馬感激之衷與惶懼之念並刻凛靡寧今奉差協造之内務府員外郎六十三從前由藥房筆帖式同奴才在廠協辦三年頗爲熟諳昨到九江奴才又與彼細加講究嗣後奴才自當與六十三協盡心力欽遵恩旨小心敬謹辦理燒造以仰酬皇上格外隆恩於萬一

謹望闕叩頭繕摺恭謝伏祈皇上睿鑒施行謹奏

硃批不但去年數年以來所燒者遠遜雍正年間所燒者且汝從未奏銷旨到可將雍正十一二三等年所費幾何所得幾何乾隆元年至五年所費幾何所得幾何一一查明造册奏聞備查仍繕清單奏聞

乾隆六年五月二十四日

六十三赴廠辦理陶務摺

内務府員外郎管理九江關務奴才唐英謹奏爲奏聞事

竊奴才於乾隆五年十一月内因江西瓷廠監造乏員具摺奏請前往燒造欽奉硃批向海望處有旨欽此欽遵在案嗣於乾隆六年三月初四日按准廣儲司來文内開本年二月初二日内務府總管海望將員外郎六十三催總永泰帶領引見奉旨江西燒造瓷器着員外郎六十三去欽此等因行知到關今内務府員外郎六十三於本年五月十五日來至九江關奴才將燒造一切事宜與伊細行講究隨於十八日自九江起程前赴廠署

除嗣後燒造瓷器或有未盡妥協處奴才再爲講究外所有該員外郎六十三業經前赴廠署緣由理合恭摺奏聞伏祈皇上睿鑒謹奏

硃批有旨調回矣

乾隆六年五月二十四日

乾隆五年分九江關税課奏銷摺

內務府員外郎管理九江關務奴才唐英謹奏爲奏聞事

竊奴才荷蒙皇上隆恩接管九江關務自乾隆五年四月二十七日起連閏扣至乾隆六年三月二十六日止一年期滿共繳過正耗等銀三十五萬二千九百四十四兩四錢零奴才細行查核較四年分繳收各數實多一千二百餘兩今除正額銀十七萬二千二百八十一兩五錢零按季解部交收外下存盈餘銀十五萬二千八百二十兩二錢八分零火耗銀二萬七千八百三十八兩九錢零其盈餘銀內叠經奏准每年動支一萬兩爲窑工燒造之用所有四年分窑工銀兩當係准關三年分盈餘項內扣存辦公銀兩撥解以充燒造故未動九江關盈餘之項嗣因不敷製造於九江關四年分盈餘項下動支一千十七兩七錢零以爲添補之費業經造册報明內務府在案今五年分窑工銀一萬兩悉於九江關五年分盈餘項下動支除俟五年分窑工告竣另册報銷內務府查核外應存盈餘銀十四萬二千八百二十兩二錢八分零惟是九江關一年吏役工飯部科飯銀添平解費與心紅等項雜費以及解交藩庫充公再奴才一年支用等費取給於火耗銀內因九江關定例滿貫大船及上下水空船止交正銀不交火耗故每年所繳耗銀止有加一之名無加一之實以致不繳各項之費遵例於盈餘項下動支銀一萬三千六百二十一兩七錢零以爲添補各費之用實凈存解部盈餘銀十二萬九千一百九十八兩五錢八分三毫一絲三忽二微今奴才現將五年分第四季額銀並實存盈餘銀兩循例申請撫臣遴委幹員發解並簽差吏役賫押一應册檔前赴户部交收仍遵例另疏具題外所有五年分實在繳解數目以及動支緣由合先繕摺奏聞伏祈皇上睿鑒施行謹奏

奉硃批該部核議具奏欽此

乾隆六年六月十七日

海望引洊老格五格協辦燒造磁器摺

臣海望謹奏爲除派人員事查原派往江西協辦燒造磁器内務府員外郎六十三緣安徽撫臣陳大受參奏經臣請將六十三撤回其燒造磁器人員容臣詳慎揀選俟得人時帶領引

見等因奏准在案今臣選得造辦處催總老格人謹慎活計諳練委署司庫五格人勤謹辦事明白伊等雖未經燒造過磁器但在造辦處行走多年造辦事務尚屬熟習若唐英在彼指授量一半年間即能協辦燒造臣謹將此二員帶領引見恭候欽派一員令其前往協辦燒造可也爲此謹奏

乾隆六年七月二十一日

海望查實六十三赴任途中出事摺

臣海望謹奏爲詳加查訊據實參奏事前因調任安徽巡撫陳大受所奏派往江西協辦燒造磁器員外郎六十三一案經臣於本年五月十九日遵

旨查奏一摺内開相應行文知照安徽撫臣陳大受併九江關監督唐英於文到日即將六十三遣令回京其該員沿途不自撿束招摇之處統俟伊到京後再行詳加查訊據實參奏等因奏准在案今員外郎六十三於八月十九日到京臣詳加訊問據六十三供稱六十三至微極賤蒙差往江西協造窑務豈無人心甫行在途輒敢妄爲生事至於欽差二字向來奉命監造採買以及關差等員俱寫欽差或欽命字樣原爲途中盤問阻滯而設六十三恐關津阻滯躭延時日亦倣寫

欽差字樣行至陶冲驛地方因駝騾疲斃路非通衢覓換維艱稽延半日並無逗遛三日之事行至廬州府下店先有兵役細細查問六十三家人以内務府員外郎登答隨有知府尤拔世必欲相見又要差備公館六十三自思與地方官毫無關涉恐致招摇俱再三辭却次早遥行不意五月初三日至潛山縣宿歇文武官帶領兵役圍住店房喧稱來歷不明將六十三行李逐細搜查撿出兵部司牌奏稿傳票一包不由分説一併拿去併將六十三家人押去又差兵役將六十三看守不容走漏六十三此時惟恐生事不敢争論只得静候至初六日安慶府知府倫達持陳大受名帖前來致謝併送還搜去牌稿等件隨索六十三名帖回覆上司六十三不諳稱呼見來帖上寫年家眷弟六十三亦寫年家眷弟回答六十三一路小心未敢見

一官若肯接見盧州府説明亦斷無此事知府尚不敢相見何敢先將名帖往拜巡撫至云家人在傍指揮答應併私居並無上下禮節此尤無影響之語所供是實等語臣復問六十三彼時盤詰之際你只應將兵部司牌給與驗看爲何將奉旨挑選會吹畫磁器人之諭旨給他看呢據六十三供並不敢擅將這諭旨給他看係在潛山縣宿歇文武官帶領兵役圍住店房將六十三行李逐細搜查其兵部司牌奏稿傳票等件俱被拿去這諭旨因是包在一處所以亦被他們搜拿去了是實等語臣看得員外郎六十三在外雖無生事不法之處但伊係奏派協辦燒造磁器之員沿途理宜安静不便令家人腰插白旗書寫欽差凡經過地方盤詰來歷自當面見據實相告及知府尤拔世欲見之時六十三推諉辭却迨該巡撫以名帖拜候顯係盤詰之意又不明白回覆祇答以年家眷弟名帖不循禮法稱呼傲慢以致虚實莫辨令人猜疑殊屬不合相應將員外郎六十三交該處照例議處可也爲此謹奏請旨

乾隆六年十月十五日

唐英接受老格到任協辦燒造磁器申報海望

監督九江關税仍管窯務内務府員外郎兼佐領唐英爲知會事乾隆陸年捌月貳拾叁日准廣儲司咨開内務府總管海奏稱查原派往江西協辦燒造瓷器内務府員外郎六十三緣安徽撫臣陳大受參奏經臣請將六十三撤回其燒造瓷器人員容臣得人時帶領引見等因奏准在案今臣選得造辦處催總老格人謹慎活計諳練委署司庫五格人勤謹辦事明白伊等雖未經燒造過瓷器但在造辦處行走多習若唐英在彼指授量一半年間即能協辦燒造臣將此二員帶領引見恭候欽派一員令其前往協辦燒造可也爲此謹奏乾隆陸年柒月貳拾壹日交奏事御前三等侍衛五十七等轉奏奉旨着催總老格去欽此欽遵爲此移會前去等因准此今協辦燒造催總老格業於乾隆陸年拾貳月拾壹日到廠任事除將廠務一應事件檄令遵照辦理敬謹燒(造)該催總到廠任事日期合行具文申報

王爺大人察奪爲此備由具申伏乞

照驗施行湏至申者

右申

遵旨呈報

歷年動支錢糧及陶務清册摺

內務府員外郎管理九江關務奴才唐英謹奏爲奏
聞事

竊奴才前以燒造瓷器粗糙荷蒙皇上隆恩命怡親王寄字教導奴才隨恭摺奏謝於乾隆六年七月十五日
欽奉硃批不但去年數年以來所燒者遠遜雍正年間所燒者且汝從未奏銷旨到可將雍正十十一二三等年所費幾何所得幾何乾隆元年至五年所費幾何所得幾何一一查明造册奏聞備查仍繕清單奏聞欽此欽遵

伏查得奴才自雍正六年出差江西燒造瓷器至雍正十三年每年燒造錢糧皆係淮安關監督年希堯自淮關陸續運解來廠計燒造所費歲不過八千餘兩例於一年工竣將窑工款項用銀細數各清册匯送年希堯處查收每年所得瓷器分別上次各色亦陸續運送淮安關聽年希堯裝配匣座解運進京其解廠燒造及運京各費等項錢糧曾否奏銷奴才實無從查奏今僅將雍正十年至十三年淮安關解廠燒造銀兩並每年造送淮安關瓷器各實數按年分列遵旨繕單恭奏至乾隆元年奴才欽奉
諭旨停止窑工管理淮安關旋於六月內奉發脫胎圓琢瓷樣着令奴才照式燒造遂差人赴廠料理維時瓷器之數既屬無多所用錢糧亦甚有限自乾隆二年催總默爾森額到廠之後於二月初一日始開大工其燒造錢糧並解瓷各費悉於淮關火耗項下動支嗣因火耗銀兩不敷各項支用經奴才奏准於淮安關贏餘項下每年存留二萬兩爲窑工南匠及傳辦公事等用如有餘存留作次年充用仍於每年將用過銀兩實數册報內務府核銷久經
欽遵辦理故未敢擅自奏銷至乾隆四年奴才雖欽奉恩
命管理九江關稅所有四年分窑工尚屬淮關項下留存二萬兩內剩之銀給發既於四年六月內接到户部來文行令嗣後每年於九江關贏餘銀內動支一萬兩爲辦理窑工之用故四年分不敷窑工銀兩並五年分各費均在九江關項下動支業於題報五年分關稅疏內奏明在案現在遵旨將乾隆元年至乾隆五年各年分用過燒造及解費銀兩逐款分晰並將每年所得瓷器各數目一併繕造黄册仍另繕清單恭呈御覽

再查每年解廠燒造銀兩係官平足紋合之瓷務行市平色每銀一百兩即出有平色銀八兩此皆燒造內節省之項奴才即以此爲窑廠雇募各行辦事人等辛力月工之用合併匯册奏陳

至五年以來所得瓷器分歲計算不能畫一定數蓋

緣瓷器之多寡由於火候之旺衰火候之旺衰視乎歲時之陰晴且自坯胎以及入窑破損又非一例不能按數成器所有揀選齊全上色十中難得四五除破損廢棄外其選落瓷器俱入次色估計送京數年以來悉照例辦理兹當匯册奏銷

謹將各年動支錢糧及燒造緣由據實奏聞伏乞皇

上睿鑒施行謹奏

硃批怡親王訥親海望核奏並簽發

乾隆六年十一月初七日

九江關歷年税課不同申明摺

内務府員外郎管理九江關務奴才唐英謹奏爲考核任内錢糧事

竊奴才於乾隆六年十二月十八日准户部札開貴州司呈案據九江關監督唐英呈稿自乾隆四年四月二十七日起至乾隆五年四月二十六日一年期滿徵收過額税銅觔水脚銀十七萬二千二百八十一兩三錢六厘盈餘銀十五萬三千九百二兩九錢四分四厘需内除支給書役工食並窑工等項經費火耗不敷添動盈餘銀一萬七千五百六十一兩一錢七分一厘零實解盈餘銀十三萬六千三百四十兩七錢七分三厘零俱經解部查收訖與該監督唐英所送册檔查籌數目相符至經費銀兩先據該監督將支給數目造册呈報臣部因支給數目浮多駁令核減在案應俟該監督查覆到日於彼案内查核歸結再乾隆三年八月十七日起至四年四月二十六日八個月零十日報解盈餘銀十七萬一千四百七十餘兩今自乾隆四年四月二十七日至五年四月二十六日一年銀十五萬三千九百餘兩是盈餘銀兩較之八個月零十日之數目尚屬短少其因何短少緣由應令該監督據實查明具奏可也等因乾隆六年十月二十日題本月二十二日奉旨依議欽此欽遵抄出到部爲此合札前去遵照施行等因

札行到關奴才遵查得九江一關惟船料爲正供所有裝載之貨物並不收税故每年徵收之課銀視船隻過關之多寡以别盈縮除正額及銅筋水脚銀兩之外所有盈餘歷係盡收盡解原非有節年一定相符並節年漸次增添之數即如從前各撫臣兼管關務之日自雍正元年至三年所報盈餘由五萬二千餘兩遞增至七萬四百餘兩而雍正四年至六年分又自五萬一千餘兩遞減至三萬八千餘兩雍正七年至十年復由五萬一千餘兩遞增至八萬二千八百餘兩數年之中或自縮而盈復由盈而

縮率無一定惟雍正十三年報解至十九萬四千八百餘兩之多迨至乾隆元年分報解盈餘止有十一萬六千三百餘兩自二年迄三年雖較元年分稍爲增添而實遠遜於雍正十三年盈餘之數今奴才於乾隆四年四月二十七日至五年四月二十六日一年任内除正額及銅筋水脚之外報解盈餘銀十五萬三千九百餘兩茲准户部議覆以較之前任内八個月零十日盈餘銀兩尚屬短少今奴才將因何短少緣由查明據實具奏

奴才接奉部札之後按查前任内八個月零十日所過船隻數目實較四年分一年任内之船多過三千餘隻故所報盈餘不但較多於四年分即較之彼任内二年分所解十四萬九千餘兩亦遠遜於八個月零十日所收之數也至細查過關船隻每歲有多寡不齊者蓋緣西江浙省之米貴江廣米賤則商人争趨而所過之船即多若遇江浙與江廣米價相等之歲則商人不前而過關之船亦少乾隆三年上江仍有歉收之處江廣米價尚不甚昂故除奉文採買之外各處買米商販過關者甚多自四年迄今江浙與江廣米價不甚懸殊商人販賣利薄所以過關者較少此爲四年分一年之盈餘有遜於三年分八個月零十日所報之數也

所有查明前後盈餘多寡不一緣由謹據實具奏伏祈皇上睿鑒施行謹奏

奉硃批該部核議具奏欽此

乾隆七年二月二十九日

乾隆六年分九江關税課奏銷摺

内務府員外郎管理九江關務奴才唐英謹奏爲奏聞事

竊奴才欽奉硃批接管九江關務自乾隆六年三月二十七日至乾隆七年三月二十六日止一年期滿共徵過正耗等銀三十六萬七千六百二十六兩六錢三分九厘零奴才細行查核較五年分徵收各數實多銀一萬四千六百八十六兩一錢零今除正額銀一十七萬二千二百八十一兩三錢零按季解部交收外下有盈餘銀十六萬六千八百五十五兩三錢零火耗銀二萬八千四百九十兩零其盈餘銀兩照例動支六年分窑工銀一萬兩除俟該年窑工告峻另册報銷内務府查核外應有盈餘銀十五萬六千八百五十五兩三錢零惟是九江關一年吏役工飯部科飯銀添平解費與心紅等項雜費以及解交藩庫充公等銀並奴才一年支用等費皆取給於火耗銀内所有六年份火耗銀二萬八千四百九十兩零實不敷

各項之費遵例於盈餘項下動支銀一萬五千八百七十一兩零以爲添補各項之費用實净存解部盈餘銀一十四萬九百八十四兩二錢八分二厘九毫八絲五微今奴才現將六年分第四季額銀並實存盈餘銀兩循例申請撫臣遴選幹員管解並簽差吏役賫押一應册檔前赴户部交收仍遵例爲疏具題外其六年分接奉部札臣今欽遵恩旨免過商人裝載米穀船隻料銀不在實徵數内者奴才仍另册報部所有六年分解交數目以及動支緣由合恭摺奏聞

伏祈皇上睿鑒施行謹奏

奉硃批該部核議欽此

乾隆七年九月初一日

遵旨燒造詩文轎瓶摺

奴才唐英跪奏爲奏明事

奴才荷蒙皇上天恩管理九江關税仍兼窑廠燒造事宜今於九月二十日將關務暫交九江知府臣施廷翰查管奴才親身赴廠查核一年造作以便循例於十月初一日停工在廠一月有餘查核事竣於十月二十五日回關二十七日行之途中遇奴才家人欽捧御製詩一首隨於奴才家信中傳奉御旨將此交與唐英燒造在轎瓶上用其字並寶爾酌量收小其安詩地方並花樣亦酌量燒造欽此奴才跪接之下於二十九日即復回到窑廠時各作匠人只留得一二十名在廠收拾未完之坯胎重復傳唤衆多好手奴才率領催總老格敬謹監看仰賴皇上洪福天氣晴暖人情踴躍坯胎窑火設色書畫種種順遂轎瓶之樣不一奴才遵將睿藻敬安瓶上字分四體與瓶式配合以避雷同謹先成六對進呈御覽伏冀皇上教導改正謹叩請仍將御製詩箋暫留窑廠收貯以便奴才於來年春到廠開工時另酌款式再製轎瓶對看書寫告成一併恭繳至節次奉發之四團畫山水膳碗青龍方瓶以及紙木樣杯盤等件亦現在陸續攢造奴才隨得隨差家人星速送京一定總在歲内恭進

爲此具摺上聞謹奏

硃批所辦甚好知道了

乾隆七年十一月十七日

奏請專辦陶務摺

内務府員外郎管理九江關務奴才唐英謹奏爲奏明事

竊奴才於今歲十月間在廠料理按照每年歲例停工是月之二十七日自廠回關途次接得奴才家中來信敬録傳旨一道並欽奉御製詩一首命奴才製造轎瓶奴才欽遵之下隨復回廠傳集工匠敬謹攢造當得轎瓶六對計一十二件於十一月十七日謹繕摺賫京奏進因是時天氣晴暖泥釉融和坯胎易就且乘奴才在廠得與監造之催總老格指點講究隨將節次奉發之四團畫山水膳碗青龍六方瓶以及紙木樣杯盤等件一併造就今將現得前項各種瓷件並奴才近日在廠擬造之新樣各器敬謹賫京恭呈御覽仰祈皇上教導指示奴才於前項瓷器造成之後業於十一月二十一日回關

惟是奴才荷蒙皇上高厚殊恩管理九江關稅已經四載今當三季之期現遵成例預行報滿奴才伏念榷理關務惟得循謹之員即可勝任若燒造瓷器工作瑣屑必熟諳泥土火候之性者始能通變辦理况造成瓷器上供御用辦理之員尤宜專一今奴才管理九江關計距廠三百餘里雖每年可以赴廠兩次並得九江知府暫管關務奴才每次赴廠可以多住時日料理瓷務但道里往返一年工作只得一兩月監看究不能逐件檢點殊非專一敬事之意奴才爲慎重瓷務起見謹跪請聖慈俯准奴才所請另差管關之員俾奴才得於來年三月關務任滿之日俟新差交代即前赴窑廠專司燒造協同現在監造之催總老格敬謹辦理或於瓷務稍有裨益倘蒙聖恩俞准其燒造錢糧仍於九江關贏餘項下照例每歲撥解則就近支發於燒造事務得以便宜料理而奴才亦得盡其駑駘餘力悉心專辦以期仰報皇上隆恩於萬一

謹將奴才蟻悃恭摺奏聞伏祈皇上睿鑒施行謹奏

硃批仍令汝管關務窑上多住幾日亦可

乾隆七年十一月二十九日

請定次色瓷器變價之例以杜民窑冒濫摺

內務府員外郎管理九江關務奴才唐英謹奏爲請定次色瓷器變價之例以杜民窑影造僭越之端備瀝蟻忱仰祈聖訓事

竊奴才於雍正六年奉差江西監造瓷器自十月內到廠即查得有次色脚貨一項係選落之件從前監造之員以此項瓷器向無解交之例隨散貯廠署聽人匠使用破損遺失致燒成之器皿與原造之坯胎所有數目俱無從查核奴才伏念廠造瓷器上供御用理宜敬謹辦理雖所造之器出自窑火之中不能保其件件全美每歲每窑均有選落之件計次色脚貨及破損等數幾與全美之件

數相等此項瓷器必須落選不敢上供御用但款式制度有非民間所敢使用者奴才輾轉思維實不便遺存在外以蹈褻慢不敬之咎隨呈商總管年希堯將此次色脚貨按件酌估價值造成黄册於每年大運之時一併呈進交貯内府有可以變價者即在京變價有可供賞賜者即留備賞用自奴才到廠之後於雍正七年爲始迄今總屬如此辦理

今於乾隆七年十二月十二日接到養心殿造辦處來文内有傳奉本年六月二十三日諭旨嗣後脚貨不必來京即在本處變價欽此奴才跪讀之下自應欽遵辦理惟是國家分别等威服物彩章俱有定制故廠造供御之瓷則有黄器及錐拱彩繪五爪龍等件此等器皿非奉賞賜凡在臣下不敢珍藏擅用以滋違制之戾至如觀哥汝定宣成等釉以及無關定制之款式花樣等器亦有官窑民窑之别官窑者足底有年號字款民窑則例禁書款久經奉行查禁此奴才於始行監造之日即不敢將此次色脚貨存留於外之由也今若將每年之次色脚貨於本地變價則有力之窑户皆得借端影造無從查禁恐一二年間不但次色脚貨一項其影造之全美者亦得托名御器以射利俾僞造之廠器充盈海内無論官器日就濫觴而廠内選落之器轉致壅滯而不能變價則每年之次色約計價值不下二三千兩更恐難按年變交是官器與錢糧兩無裨益此奴才戰兢惕栗不得不緦緦計及者也至於黄器及五爪龍等件尤爲無可假借之器似未便以次色變價致本處窑户僞造僭越以紊定制奴才愚昧之見請將此選落之黄器五爪龍等件照舊酌估價值以備查核仍附運進京或備内廷添補副餘或供賞賜之用似可以尊體制而防褻越至如餘外選落之款釉花樣等件凡屬官造向亦在查禁之列不許民窑書款仿造然於國家之制度等威尚無關涉似不妨在外變價奴才請將此項次色脚貨仍按年估計造册呈明内務府俟核復到日聽商民人等之便有願領銷者許其隨處變價仍不許窑户影射僞造以杜濫觴壅滯則此選落之無關定制者既易銷售而黄器五爪龍之選落者亦得所用不致流布民間以滋褻越矣

奴才爲預杜影造僭越起見冒昧瀝陳是否有當伏祈皇上訓示遵行謹奏

硃批黄器如所請行五爪龍者外邊常有仍照原議行

乾隆八年二月二十日

恭進奉發及新擬瓷器摺

內務府員外郎管理九江關務奴才唐英謹奏爲奏
聞事

竊奴才管理九江關務於乾隆七年十二月內因差期將屆預行具摺奏報並另摺恭請差員更換容奴才前赴窑廠專司瓷務於乾隆八年二月初七日欽奉硃批仍令汝管關務窑廠多住幾日亦可欽此欽遵奴才不勝感激惶悚除於預行報滿摺內奉到硃批汝再管一年之諭
旨業經俯伏欽遵恭摺謝恩訖隨於二月二十六日將關務移交九江府知府施廷翰暫行管理奴才即前赴廠署與協造之催總老格料理開工將奉發製造各器敬謹辦理漸次入窑成造

今自三月初二日開工之後奴才在廠攢造得奉發各色錦地四團山水膳碗杯盤並六方青龍花瓶等件外奴才又新擬得夾層玲瓏交泰等瓶共九種謹恭摺送京呈進其新擬各種係奴才愚昧之見自行創造恐未合適且工料不無過費故未敢多造伏祈皇上教導改正以便欽遵再行成對燒造餘外尚有新擬瓷器數種亦係奴才自行擬造已與催總老格詳細講究囑其如式辦理俟得時隨後陸續呈進奴才於四月十四日自廠回關八月內當再赴窑廠另容料理新樣呈進

所有現在恭進各瓷謹繕摺奏聞伏祈皇上睿鑒
謹奏

硃批覽

乾隆八年閏四月二十一日

遵旨編寫陶冶圖説呈覽摺

內務府員外郎管理九江關務奴才唐英謹奏爲欽
遵諭旨事

竊奴才於乾隆八年閏四月二十二日接到養心殿造辦處移會內開乾隆八年四月初八日由內廷交出陶冶圖二十張奉旨着將此圖交與唐英按每張圖上所畫係做何技業詳細寫來話要文些其每篇字數要均勻或多十數字或少十數字亦可其取土之山與夫取料取水之處皆寫明地名再將此圖二十幅按陶冶先後次第編明送來欽此於四月十一日將繕寫得陶冶圖上諭摺片一件持進呈覽奉旨將此改正摺片與陶冶圖俱交唐英
欽此欽遵相應移會前去等因

奴才接到來文隨欽遵諭旨敬謹辦理按每幅圖內

所做技業並取土取料之山逐一編明並將圖幅先後次第另編總幅恭呈御覽至陶務爲瑣屑工作圖既未備編亦不能詳列惟謹就圖中所載遵旨編次伏祈皇上睿鑒

再奴才近日造得奉發之樣件並新擬樣瓷一併呈覽敬請皇上教導改正以便欽遵燒造謹奏

硃批覽

乾隆八年五月二十二日

江南荒歉採買摺

内務府員外郎管理九江關務奴才唐英謹奏爲請遵已頒之聖諭以紓目前之民困敬展蟻忱仰祈睿鑒事

竊奴才内府微員奉差在外職司陶榷誠本庸愚地方民生之事亦何敢妄爲干預以蹈越俎之愆惟是胥役工匠不下數百餘人悉藉關廠以資生計役食之支銷有定年歲之豐歉會常當米糧價長之時即多饔飧不給之户此奴才目擊現在之情形洞悉閭閻之急遽有不得不思過慮上瀆聖聰者

查江西於上年秋收之餘雖非大豐而亦不甚歉薄米糧價值尚屬中平嗣緣湖廣江南浙江福建等省採買絡繹以致民鮮蓋藏米價昂貴饒州府屬浮梁縣所管之景德鎮以窑廠在彼奴才住居八載年歲豐歉俱曾經歷米糧每石自七八錢至一兩二三錢而止從未有如今歲正二月至五月初旬每石價銀長至三兩三四錢不等者至於饒州南昌九江等處亦賣至二兩六七錢一石市米日缺竟有持錢無可買食之勢而官倉之積貯因撥賑淮揚所存無幾又於三四兩月陸續開糶罄無儲蓄雖撫臣多方勸糶並設法採買而各處米價昂貴終難接濟嗷嗷比户又不獨關廠之胥役工匠有乏食之慮也夫江西以素常産米之區又值不甚歉收之歲乃至食米昂貴一日之糧幾併三日之食並無米可糴此皆由各省採買以致搬運缺乏雖採買原爲積貯以預籌民食但當民食匱乏之際更不宜採買以重其匱乏奴才管理九江關以來採買米載之過關者源源相繼是江南之積貯已爲不少乃舊歲偶值淮揚歉收遂致上廑聖衷動帑數百萬以爲賑濟之需而又賴鄰省之協濟未聞本省得以全收積貯之益而徒見採買之煩惟令有餘之省悉成不足之區況今淮揚江寧安慶之米價較之江廣猶爲平減賈人惟利是趨聞江廣米貴於閏四月内復將販往江南之米轉運至江廣販賣其船隻過關者不下千百艘此從來未有之事而江西之米價究未能驟平臻減現在尚賣至二兩以外其比户懸困於鄰省之搬運者又可概見今撫臣現咨督臣截留運往江南之川米十萬石以供糶濟民食可藉以

不缺日下早稻漸次登場大約米價從此可以漸平可
無煩
聖聰屢念惟是奴才愚昧以平常積貯固屬不易之良規
而採買鄰省似非萬全之籌畫即如古稱餘九餘三爲小
民計蓄儲者甚周亦止就一家之耕耨於豐年節其有餘
非於歉歲購鄰家之有餘以謀蓋藏也奴才恭閲邸抄
伏讀
聖諭暫停鄰省採買及捐監收穀之例着大學士會同九
卿議奏仰見皇上慮周民瘼利弊不遺於聖鑒經權悉協
於至中停鄰省之採買實目前之至計就江西而論六月
中旬早稻可以登場民之食貴而不至皇皇者惟賴成熟
在即有所冀望若早稻成熟之後仍繼之以採買則穀價
恐未易減而民困何時得紓故奴才以暫停採買之聖諭
誠爲今日之至計亟宜欽奉遵行者也至積貯爲天下之
大命仍不可不先事預籌請嗣後於豐收之歲各就本省
視民間之有餘照時價收糴就本省可節水脚之費照價
復無虧損於民則商糴官糴其利維均而小民不苦於官
糴採買無慮其艱難以本省之有餘購備本省之不足取
確便養積貯易儲如此從容辦理並不必限於成額惟飭
令各州縣於豐收米賤之年相度各該境收成之情形以
定採買之多寡其一年之内不能足額者仍於次年買補
則官不苦於急遽民不窘於採買積三歲之成熟常平自
無不盈之慮況一歲之中歉者其暫而豐者其常本省既
饒儲蓄而鄰省又不受採買之累則各省皆得自爲採買
以收積貯之效縱偶遇偏灾本省之儲蓄充盈自可有備
無患即有不敷鄰省所儲既裕平日更不難於撥濟而又
有商民之販賣以疏貫流通不但於歉省有養而鄰省豐
熟之民亦不致爲採買所苦官民恒足豐歉無虞四五年
間則各省皆沐盈寧之慶而天下共臻樂利之休矣奴才
以内府人員目擊江西米價昂貴仰體皇上憂勤
聖心實不敢引嫌緘默敬抒一得之愚以效芻蕘之獻是
否可採伏祈
皇上睿鑒施行謹奏
乾隆八年六月二十一日奉
硃批該部議奏欽此

乾隆八年五月二十二日

乾隆七年分九江關税課奏銷摺

內務府員外郎管理九江關務奴才唐英謹奏爲奏
聞事
竊奴才欽奉硃批接管九江關務自乾隆七年三月
二十七日起至乾隆八年三月二十六日止一年期滿所

有徵收錢糧除江西撥運物如備賑米石其過關料銀三千八百三十六兩九錢現俟部議未經賫交關庫外實在徵收過正耗銀三十五萬二千五百十一兩三錢一分六厘零二共計銀三十五萬六千三百四十八兩二錢零奴才細行查核較乾隆六年徵收各數少一萬一千二百七十餘兩而較四五兩年實多銀三千四百至四千七百餘兩其較六年分短少之由實象爲七年分二三尾三季之候江廣米貴商販稀少所徵料銀不無有減於上年今年正額一十七萬二千二百八十一兩三錢零按季解部交收外下有實在盈餘一十五萬三千七百四十八兩五錢零火耗銀二萬六千四百八十一兩四錢零其盈餘内照例動支七年分窑工銀一萬兩除俟該年窑工告竣另册報銷内務府查核外應盈餘銀十四萬三千七百四十八兩五錢零惟是九江關一年吏役工飯部科飯銀添平解費心紅等項雜費以及解交藩庫充公並奴才一年支用等費皆取給於火耗銀内所有七年分火耗銀三萬六千四百八十一兩四錢零不敷各項之用遵例於盈餘項下動支銀一萬五千二百四十兩四錢零以爲添補各費之用實浄存解部盈餘銀十二萬八千五百八兩一錢九厘一毫一絲五忽四微今奴才現將七年分第四季額銀並實存盈餘銀兩申請撫臣遴委幹員管解並簽差吏役賫押一應册檔前赴户部交收仍遵例另疏具題外合將徵解數目以及動支緣由恭摺奏聞

伏祈皇上睿鑒施行謹奏

奉硃批該部核議具奏欽此

乾隆八年九月初一日

恭進御製詩瓶及自擬新様瓷器奏摺

内務府員外郎管理九江關務奴才唐英謹奏爲奏

聞事

竊奴才仰蒙恩命管理九江關務仍監造瓷器奴才恭摺奏明每歲於春秋二季將關務暫交九江知府管理奴才親赴廠署經理瓷務歲爲常例嗣復於乾隆七年十一月内奴才具摺辭關就廠欽奉硃批仍令汝管關務窑廠多住幾日亦可欽此奴才雖欽遵諭旨每次到廠得以多住幾日將瓷器逐細從容辦理今正當秋季赴廠之期於八月二十四日接到養心殿造辦處來文恭録御製詩一首欽奉諭旨交奴才照前造挂瓶款式製造數件奴才欽遵之下隨前赴窑廠與協造之催總老格敬謹製造現得挂瓶四對共計八件恭賫呈進所有廠内應造瓷器亦與老格逐件細加講究現在製造外奴才因欽奉前旨仍得在廠多住時日料理寬裕復出螻蟻臆見自行畫様製

坯又擬造得新樣瓷件一種一併進呈恭請皇上教導指示

再奴才自舊年十月内以及本年三月間與今在廠節次擬造得之新樣悉係奴才愚昧之見並非有成式摹仿恐未能適用上合聖意且燒造錢糧歲有定額復不敢擅用以致靡費故所有新樣皆奴才自出工本試造進呈仰祈鑒定如有適用應行照式製造者嗣後當與奉發各瓷一體欽遵造辦謹繕摺奏聞伏祈皇上睿鑒施行謹奏

硃批覽

乾隆八年九月十七日

遵旨賠補燒造瓷器損失等事摺

内務府員外郎管理九江關務奴才唐英謹奏爲恭謝天恩仰祈睿鑒事

竊奴才於乾隆八年六月内接到和碩怡親王果毅公訥内大臣海望來文將奴才報銷乾隆元二兩年燒造瓷器錢糧查核以所造瓷器釉水花紋遠遜從前又破損過多因分條核減共銀二千一百六十四兩五錢五分三厘三絲五忽二微奏令賠補奉旨依議欽此欽遵行知到關除敬謹遵照現在將前項銀兩陸續賫交養心殿造辦處查收外奴才伏念從前管理淮安關稅與窑廠迢隔二千餘里不能與協造之員及時見面細加講究致瓷器未盡妥協實有鞭長莫及之勢但奴才既係經管之人咎實難辭今荷蒙皇上隆恩不嚴加處分惟准令核減賠補奴才感激蟻忱難以名狀謹望闕叩頭謝恩訖現在奴才不時赴廠與協造之催總老格謹遵核減各條内指駁之處一概小心更改務期較從前之花紋釉水細致鮮艷其做坯滿窑亦必敬謹查看不致破損過多以仰報皇上隆恩於萬一

惟是前議賠補各條内有核減工價物價兩項伏查立廠之初一應派累當官舊弊全行革除凡工價物價俱以粗細高下定爲等次照本地窑民雇工買物之例畫一辦理久經著爲成規即闔鎮之工匠鋪户通行相安今雖核減於元二兩年若於援此以爲定例恐於製造民情多有掣肘故不但從前節年以來循照辦理即現嗣後均有不能更改之處至次色一項原爲火中取物不能概登上選今議以照上色之工費加倍核減亦似難援爲常年定例奴才現將乾隆三年與四年五年分各瓷冊呈送内務府查核並將此三項未能遵改各情據實聲明内務府在案

今將奴才感激蟻忱恭摺奏謝伏祈皇上睿鑒施行

謹奏

硃批原議之大臣等議奏

乾隆八年九月十七日

恭進萬年甲子筆筒摺

內務府員外郎管理九江關務奴才唐英謹奏爲奏
明事

竊奴才於十月內在窑廠辦理瓷務因是時工匠尚
皆齊集復敬謹造得萬年甲子筆筒一對循環如意輻輳
連綿工匠人等以開春正當甲子萬年之始悉皆歡騰踴
躍更逢天氣晴和坯胎窑火設色書畫各皆順遂不日告
成奴才即於十一月初二日回關辦事今專差奴才家人
賫捧筆筒恭進伏祈皇上睿鑒謹奏

硃批覽

乾隆八年十二月初一日

恭進上傳及偶得窑變瓷器摺

內務府員外郎管理九江關務奴才唐英謹奏爲奏
明事

竊奴才於乾隆八年十一月二十一日接到內大臣
海望寄字欽奉上諭着唐英照此挂瓶花紋釉水顏色燒
造些各款式各色鼻烟壺着其中不要大了亦不要小了
其鼻烟壺蓋不必燒來欽此欽遵寄字到奴才處着令欽
遵辦理

奴才接字之日正值泥土凝凍歲例停工各匠俱已
回家窑火亦皆停歇奴才伏念鼻烟壺尚屬小件坯胎可
以烘烤製造亦便於包裹賫送因差人至各匠家傳集九
江關署奴才親自指點恭擬坯胎數種並畫定顏色花樣
即於新正賫赴廠署在民户燒造粗瓷之茅柴窑內攢行
燒製並令星夜彩畫今攢造得各款式鼻烟壺四十件着
奴才家人賫京恭進惟是時屆停工攢造匆劇恐釉水款
式未能仰合聖意故不敢多造亦未敢擅動燒造錢糧奴
才暫行捐製恭請皇上教導改正以便欽遵俟開工之後
再行動項製造

再於八年十二月二十五日接到養心殿造辦處來
文內開乾隆八年十一月初五日內廷交出青花蠟臺二
對奉旨仍交與唐英各配香爐一件花瓶二件配成送來
其蠟盤中層仿好蠟阡樣式香爐蠟臺花瓶燒造幾分比
此樣放大些亦燒造香爐蠟臺花瓶幾分送來欽此欽遵
奴才伏查蠟臺瓶爐各種器件稍大必俟泥土融和始不
致坯胎坼裂靡費錢糧當於三月內開工奴才親往窑廠

辦理攢造再行呈進恐遲延時日合先奏聞外於八年十一月内奴才在廠製造霽紅瓷器得窑變圓器數種計共二十六件雖非霽紅正色其釉水變幻實數十年來未曾經見亦非人力可以製造故窑户偶得一窑變之件即爲祥瑞之征視同珍玩至霽紅一種出窑之後除正色之外類皆黑暗不堪從未有另變色澤生疏鮮艷者今現得霽紅窑變各種理合一併奏進伏祈皇上睿鑒謹奏

硃批覽

乾隆九年二月初八日

唐英進貢

内務府員外郎管理九江關務奴才唐英恭進

青白玉百合如意花插壹件
黑白玉壽祝獻瑞筆山壹件
白玉百柿如意水丞壹件
白玉梅花水丞壹件
白玉夔龍洗壹件
紅白瑪瑙荷葉水丞壹件
銀晶天鷄水吸壹件
銀晶九如瓶壹件
銀晶荷葉洗壹件
洋彩福禄樹夔花插壹件
洋彩太平有象花插壹件
洋彩福禄綿綿水丞花插壹件
洋彩海内昇平水丞壹件
洋彩多子水丞壹件
洋彩百事如意水丞壹件
洋彩福禄蟠桃水丞壹件
洋彩四海天禄筆洗壹件
洋彩荷葉筆掭壹件
錦上添花玲瓏轉旋瓷冠架壹對
膠紗壹百疋
葛紗壹百疋
香袋壹百箇
香牌壹百箇
宫扇貳拾把
畫扇壹百柄
洋漆宜興茶壺貳拾把
内摺壹件

乾隆九年三月二十五日

唐英進貢

内務府員外郎管理九江關務奴才唐英恭
進
温都里那石如意壹柄
碧玉雙魚瓶壹件
白玉甜瓜洗壹件
子孫石筆筒壹件
白玉桃花洗壹件
青金石洗壹件
銀晶雙喜瓶壹件
白玉壺壹件
西洋瑪瑙盒壹對
洋漆描金撞盒玖對
洋漆描金書架壹對
洋彩宋釉連福串蓮餘慶壹對
洋彩八仙慶壽菓盤花插玖件
洋彩錦上添花轉旋五嶽花插壹對
内摺壹件

乾隆九年七月初二日

奏辦奉發蓋罐情形摺

内務府員外郎管理九江關務奴才唐英謹奏爲欽
遵諭旨事
乾隆九年六月十九日由養心殿造辦處發到缺釉
成窑天字蓋罐一件並傳奉諭旨着將缺釉的天字蓋罐
一件着交唐英補釉如補得補好送來如補不得不必補
仍舊送來欽此欽遵
奴才伏查發到天字蓋罐係屬成窑迄今年久火氣
銷退若將缺釉之處補色必須入爐復火恐爐火攻逼於
舊窑質地實不相宜是以不敢冒昧補釉謹賫至窑廠仿
照原罐款式大小造成三對恭摺送京並奉發原罐一併
賫進伏祈皇上睿鑒謹奏
硃批覽

乾隆九年七月十三日

乾隆八年分九江關稅課奏銷摺

內務府員外郎管理九江關務奴才唐英謹奏爲奏

聞事

竊奴才欽奉硃批接管九江關務自乾隆八年三月二十七日起連閏扣至乾隆九年二月二十六日止一年期滿計其徵收過正耗等銀三十五萬八千八十四兩六錢六分五厘零奴才細行核算較七年分徵收各數多銀五千五百七十餘兩今除正額銀一十七萬二千二百八十一兩三錢零按季解部交收外下有盈餘銀一十六萬一千六百二十二兩九錢零火耗銀二萬四千一百七十兩三錢六分零其盈餘銀內照例動支八年分窑工飯銀一萬兩除俟該年窑工告竣另册報銷內務府查核外應有盈餘銀一十五萬一千六百三十三兩九錢零惟是九江關一年吏役工飯添平解費心紅等項雜費以及解交藩庫充公並奴才一年支用等費皆取給於火耗銀內所有八年分火耗銀二萬四千一百七十兩零實不敷各項之用遵例於盈餘項下動支銀一萬六千六百五十六兩五錢零以爲添補各費之用實净存盈餘銀一十三萬四千九百七十六兩四錢一分一厘六絲八忽一微今奴才現將八年分第四季額銀並實存盈餘銀兩申請撫臣遴員管解並簽吏役賫押一應册檔前赴户部交收仍遵例另疏具題外合將徵解數目及動支緣由恭摺奏聞伏祈

皇上睿鑒施行謹奏

奉硃批知道了欽此

乾隆九年八月二十二日

奏請老格留廠協造摺

內務府員外郎管理九江關務奴才唐英謹奏爲請

旨事

竊奴才於雍正六年奉差江西監造瓷器一切燒造事宜俱係奴才經管另有筆帖式一員止司買辦物料並錢糧出入之事維時以奴才常在廠署職司監造而筆帖式無燒造之責可不必經久熟練故例得三年更調嗣因奴才欽奉恩命管理關務雖窑廠燒造仍係奴才兼管但不能常在廠內料理是以將筆帖式掣回改換協造之員是協造之員即有監造之責必得經久熟練方知泥土物料之性火候釉水之宜始於瓷器有益而錢糧亦不致靡費此協造之員似難引筆帖式之例三年更換者也

今查協造之員催總老格於乾隆六年十二月到廠初

管瓷務未諳燒造奴才每歲於春秋二季自九江關赴廠兩次除查看釉水顔色出樣定款之外與彼細加講究老格亦留心學習頗能領會迄今三年漸就熟諳故奴才雖不能常在窑廠而近年瓷務亦得稍免歧誤今老格已滿三年若引從前筆帖式三年更換之例再換生手則火候物性工作細事茫無知覺又須從頭學習於瓷務難免貽誤奴才伏念瓷器上供御用理宜敬慎辦理老格在廠三年爲人安静辦事謹飭不但燒造錢糧經手無誤而於造作事宜亦漸致嫻熟在窑廠實有裨益况與止司置買錢糧之筆帖式不同奴才爲瓷務起見仰懇聖恩可否免其更調仍留窑廠協造容奴才再爲逐一指點則於現在之瓷器不致以生於貽誤而於日後之造作亦可得一熟諳之員矣

謹繕摺請旨伏祈皇上睿鑒施行謹奏

乾隆十年二月二十五日

硃批老格着再留三年該衙門知道

乾隆八年分九江關税課減少申明摺

內務府員外郎管理九江關務奴才唐英謹奏爲循例奏聞事

竊奴才管理九江關務於乾隆九年七月內將八年分一年徵收過正耗等銀三十五萬八千八十四兩零並較之七年分徵收各數多銀五千五百七十餘兩等因分款開列具摺奏聞並細造款册報解户部查核在案嗣於九年十二月內接到户部來文以奴才報解八年分一年錢糧除正耗外下存盈餘銀一十六萬一千六百餘兩雖較七年並無短少較之六年仍短少三千五百餘兩其因何短少之處並未循例具奏行令奴才據實查明具奏再議奴才查得關税錢糧除額銀之外悉盡收盡解每年所收數目雖不致大相懸殊亦不能節年一例其有過多過少之歲間出偶然尤難推過多之歲以爲比例九江關以船料爲正供所過之船隻多則是歲之錢糧亦多船隻少則錢糧亦少計奴才於乾隆四年管理九江關其四五七等年每年徵收除耗之外其盈餘率皆十五萬二三千兩有零此所謂不大相懸殊者也惟六年分所徵獨爲充裕至八年分雖少遜於六年分而較之四五七等年當爲充盈查八年分當有免過江西江南撥運船料銀一千九百八十四兩五錢例不告報故未經報部並此核計是八年分徵收較六年分止少銀一千五百餘兩較節年當爲充裕之歲理合據實具奏伏祈皇上睿鑒施行謹奏

乾隆十年三月十三日

奉硃批該部核議具奏欽此

遵旨攢造青花白地瓷五供摺

內務府員外郎管理九江關務奴才唐英謹奏爲奏
聞事

乾隆九年十月二十三日奴才接養心殿造辦處來文傳旨雅滿達賴壇仙樓上着奴才製造青花白地瓷五供三堂其瓶內配燒瓷苓芝花欽此欽遵

維時因窑廠止工天氣寒冷泥釉凝凍不能攢造今春開工始得陸續製成今造得宣窑青花白地五供三堂配造得青花五彩瓷苓芝二種以備採用

敬謹差人賫進伏祈睿鑒謹奏

硃批覽

乾隆十年四月初八日

恭進上傳及新樣瓷器摺

內務府員外郎管理九江關務奴才唐英謹奏爲奏
聞事

乾隆十年三月初六日奴才在九江關署接到養心殿造辦處來文並奉發銅胎紅法瑯蓋一件藍法瑯蓋一件傳旨交奴才照樣燒造霽紅霽青蓋各一件里子燒白的又奉發青花白地無蓋小梅瓶一件旋成瓶蓋木樣一件傳旨着奴才按小梅瓶花樣大小燒造瓷蓋一件欽此欽遵

奴才正當春季查看窑工之候隨於三月初十日謹賫奉發各件自九江關起身赴廠親自督催遵照木蓋樣製造得瓶蓋一件但恐照造之瓶蓋火氣未退與奉發之青花白地梅瓶究有新舊之別奴才又按照原瓶花樣大小配造得有蓋梅瓶一樣以成一對其奉到之銅胎法瑯蓋亦照得霽紅霽青蓋各一件外於二月初七日先奉到渣斗木樣一件象牙座一件傳旨着交奴才按牙座大小照樣燒造哥窑瓶一件仿舊做不要款如仿得舊更好欽此欽遵今製造得哥窑渣斗一件又仿配得連座富餘一件以成一對謹將前項各件差人一併賫進恭呈御覽所有奉到各瓷木原樣與象牙座一同恭交

再奴才在廠擬造新樣轎瓶與陳設小件數種謹隨摺恭進伏祈皇上教導指示應否照此新樣再行製造恭候聖裁鑒定以便欽遵謹奏

硃批覽

乾隆十年四月初八日

唐英進貢

内務府員外郎管理九江關務奴才唐英恭進

白玉三多磬壹件

碧玉靈仙祝壽罇壹件

巧色瑪瑙太和罇壹件

紅白瑪瑙仙人碧玉牛陳設壹件

白玉長方香盤壹件

紫晶福壽花插壹件

漢玉葵花洗壹件

白玉彝爐壹件

銀晶石榴花插壹件

洋漆五彩描金書架壹對

宋釉洋彩雲福八卦瓷磬壹對

象牙五穀豐登瓶花壹對

象牙竹子盆景壹件

象牙長春花盆景壹件

乾隆十年七月初一日唐英恭

進　全存

唐英進貢

内務府員外郎管理九江關務奴才唐英恭進

長春寶座書案書格全分

白玉連環如意壹對

白玉連環玖件

白玉磬壹架

白玉方瓶壹件

白玉方盒壹件

白玉珮壹件

白玉桃式洗壹件

白玉夔龍墨床壹件

碧玉太平車壹件

銀晶如意壹柄

白檀松苓如意巧工筆筒壹件

紫檀木巧工小都盛盤壹件

象牙花盆景壹對

松鶴瓷筆筒壹件

瓷斑指肆拾箇

洋漆描金宜興茶壺貳拾件

洋漆描金香几拾捌件

乾隆九年分榷務奏銷摺

内務府員外郎管理九江關務奴才唐英謹奏爲奏聞
事竊奴才欽奉
硃批接管九江關務自乾隆玖年貳月貳拾柒日起至乾隆拾年貳月貳拾陸日止一年期滿共徵收過正耗等銀叁拾陸萬玖千玖百拾壹兩壹錢陸釐零奴才細行核算較捌年分徵收各數實多銀壹萬壹千捌百貳拾陸兩零今除正額銀壹拾柒萬貳千貳百捌拾壹兩叁錢零按季解部交收外下存贏餘銀壹拾柒萬貳千肆百貳拾柒兩柒錢零火耗銀貳萬伍千貳百貳兩伍分零其贏餘銀内照例動支玖年分窑工銀壹萬兩除俟該年窑工告竣另册報銷
内務府查核外應存贏餘銀壹拾陸萬貳千肆百貳拾柒兩柒錢零惟是九江關一年吏役工飯部科飯銀添平解費心紅等項雜費以及解交藩庫充公並奴才一年支用等費皆取給於火耗銀内所有玖年分火耗銀貳萬伍千貳百貳兩零實不敷各項之用遵例於贏餘項下動支銀壹萬陸千肆百伍兩柒錢貳分零以爲添補各費之用實净存贏餘銀壹拾肆萬陸千貳拾貳兩壹分陸釐貳毫陸絲柒微今奴才現將玖年分第肆季額銀並實存贏餘銀兩申請撫臣遴員管解並僉差吏役齎押一應册檔前赴户部交收仍遵例另疏具
題外合將徵解數目及動支緣由恭摺奏聞伏祈皇上睿鑒施行謹奏

硃批該部核議具奏

乾隆十年八月初九日

奏銷乾隆九年任内自用動支銀兩摺

内務府員外郎管理九江關務奴才唐英謹奏爲據實奏聞仰祈睿鑒事
竊奴才叠荷皇上隆恩管九江關務所有奴才節年用度悉於火耗銀項下動支將用過實數於每年届滿之日奏聞仰蒙聖慈垂鑒悉皆准其支銷俾得從容辦公高厚殊恩實難報稱惟有極意節省以仰酬皇上矜全豢養之至意計乾隆八年分任内奴才用過銀一萬一千六百兩已蒙皇上恩准支銷今自乾隆九年二月二十七日起至十年二月二十六日止一年任内奴才一切用度於火耗項下動支銀一萬一千三百兩除照例匯册報部外令

將奴才用銀數目據實奏聞謹奏

奉硃批覽欽此

乾隆十年九月初三日

乾隆十年分九江關税課奏銷摺

内務府員外郎管理九江關務奴才唐英謹奏爲奏

聞事

竊奴才欽奉硃批接管九江關務自乾隆十年二月二十七日起至乾隆十一年二月二十六日止一年期滿共徵過正耗等銀三十七萬二千七百四十二兩五錢一分七厘一毫四絲五忽奴才細行核算較九年分徵收各數實多銀二千八百三十一兩四錢零今除正額銀一十七萬二千二百八十一兩三錢零按季解部交收外下存盈餘銀一十七萬四千四百四十三兩五錢零火耗銀二萬六千一十七兩六錢四分零其盈餘内照例動支十年分窑工銀一萬兩除俟該年窑工告竣另册報銷内務府查核外應有盈餘銀一十六萬四千四百四十三兩五錢零惟是九江關一年吏役工飯部科飯銀添平解費心紅等項雜費以及解交藩庫充公並奴才一年支用等費皆取於火耗銀内所有十年分火耗銀二萬六千十七兩六錢零實不敷各項之用遵例於盈餘項下動支銀一萬六千三百七十二兩七錢四分零以爲添補各費之用實净存盈餘銀一十四萬八千七十兩八錢一分四厘五毫七忽今奴才現將十年分四季額銀並實存盈餘銀兩申請撫臣遴員管解並簽差吏役賫押一應册檔前赴户部交收仍遵例另疏具題外合將徵解數目及動支緣由恭摺奏聞伏祈皇上睿鑒施行謹奏

奉硃批該部核議具奏欽此

乾隆十一年十月十八日

奏銷乾隆十年任内自用動支銀兩摺

内務府員外郎管理九江關務奴才唐英謹奏爲據實奏聞仰祈睿鑒事

竊奴才叠蒙皇上隆恩管理九江關務所有奴才節年用度悉於火耗項下動支將用過實數於每年届滿之日奏聞仰蒙聖慈垂鑒悉皆准其支銷俾得從容辦公高厚殊恩實難報稱惟有極意節省以仰酬皇上矜全豢養之至意計乾隆九年分任内奴才用過銀一萬一千三百兩已蒙皇上恩准支銷今自乾隆十年二月二十七日起至十一年二月二十六日止任内奴才一切用度於火耗

項下動支銀一萬一千二百兩除照例匯册報部外合將
奴才用過銀兩數目據實奏聞伏祈皇上睿鑒施行謹奏
奉硃批覽欽此
乾隆十一年十月十八日

乾隆十一年分榷務期届奏請解任摺

內務府員外郎管理九江關務奴才唐英謹奏爲差期將届預行請旨更換事

竊奴才欽遵硃批諭旨於乾隆十一年二月二十七日接管九江關務計扣至乾隆十二年正月二十六日又一年期滿奴才伏念從前關差歲一更換防家人長隨與書役漸熟易於作奸滋弊也今奴才以內務府微末之員荷蒙皇上殊恩榷司九江關務叠邀連任之榮每當欽奉接管即悚惕靡寧恐口岸遼闊悉在長江大河之中非若他關易於考察倘一時耳目不周則上負聖恩奴才即捐靡頂踵亦無補於萬一况奴才每歲例須赴窑廠兩次雖有九江知府代爲暫管究恐偶有疏忽奴才咎所難免榷課爲錢糧重務實非駑駘久負荷今計十一年分奴才勉竭犬馬心力已届第三季仰沐皇上恩澤充周商船鱗集稅課當爲充裕但奴才冰兢之念終不敢一時稍釋茲當預行報滿之期謹具情奏聞恭請皇上另點賢員届期更換奴才螻蟻微軀猶可別當差事或竟赴窑廠專司瓷務以勉圖報稱則仰沐聖慈於靡涯矣
伏祈皇上睿鑒施行謹奏
奉硃批汝再留一年咨部知之欽此
乾隆十一年十月十八日

榷關差事節年連任恭謝天恩摺

內務府員外郎管理九江關務奴才唐英謹
奏爲恭謝天恩事

乾隆十一年十一月十八日奴才家人齎持奏摺一匣回關奴才敬謹開請一件據實奏聞事係本年九月內奴才恭報十年分支用過銀兩一摺欽逢硃批覽又一件差期將届事係奴才恭報十年分滿差日期預行請旨換差一摺欽奉硃批汝再留任一年資部知之欽此欽遵奴才跪請之下不禁感極涕零頓恭設香案望闕叩頭謝恩訖伏念奴才身隸內府備職郎官仰本皇上隆恩叠被畀榷關重掌節年以新任一切用度坐蒙准其支銷俾奴才豢養有資適口寬裕深恩厚澤浹髓淪肌奴才僮頂踵捐糜亦難仰酬萬一今復荷聖意命奴才留任欽承恩旨善

功報稱愈難之懼怕有滴漏奮勉潔已奉公仰體皇仁以查商課遵成例以税課不敢稍有急忽以盡奴才犬馬血誠耳除將奉到恩旨欽遵資部外所有奴才感激螻忱謹繕摺奏
聞伏祈皇上睿鑒謹奏
乾隆十一年十二月二十五日奉
硃批覽　欽此

内務府查核唐英六年分瓷務摺

總管内務府謹奏爲議定遵行事該臣等查得九江關監督唐英報銷燒造瓷器一案前經和碩怡親王弘曉果毅公訥親内大臣海望奏准次色器皿一項變價數目虧折原製價不過五成破損瓷器不過三成均應免議如次色變價虧折原製價至五成以上破損至三成以外者仍照原議着落唐英賠補等因移咨臣等在案今臣等查得乾隆六年分共燒過瓷器坯胎四萬二千七百五十七件共用過銀九千八百八十八兩四錢四分八釐四毫二絲至變價次色瓷器查得報銷册内用過製價銀二千六百九十一兩六錢八分二釐八毫八絲今估變價銀二千一百五十八兩一錢五分九釐較對虧折僅止二成破損瓷器六千八百七十一件亦不至二成之數臣等查從前
奏定成數似覺過於寬裕蓋次色瓷器雖不及上色在民間亦爲美器其變價虧折亦屬有限至瓷器破損雖所不免然亦不過十之一二何至如從前所定成數之多請嗣後次色瓷器變價虧折原製價定以三成破損瓷件定以二成倘浮於此數即着落唐英賠補如此酌定核之實在變價破損之數尚留有餘該監督不至難於辦理再查此次報銷六年分册内次色變價虧折原製價未過三成破損瓷器未過二成毋庸議外以後俱遵照現在所定辦理並飭令唐英將應變價之次色瓷器作速變價解交造辦處查收至所報章程則例册應交該處存案以備查核伏候
命下之日臣等敬謹遵行爲此謹奏請旨
乾隆十二年十月初七日

内務府大臣
圓琢瓷器燒造製價則例摺

於乾隆十二年十二月二十一日内務府大臣三
具奏呈
覽乾隆十二年十二月二十一日奉旨將選定磁器交唐

英嗣後燒造俱照現今發去樣欵爲定琢器五十二件樣式尺寸不許更改其顔色花紋或於此内酌量互相更换尚可圓器一百六十四件樣式尺寸顔色花紋總不許少有更换此外從前奏准樣欵及該監督新擬樣欵總不許用仍於一年定項錢糧内酌量撙節燒造年欵俱依新定篆書乾隆年欵字樣勿致膠柱鼓瑟如發去有大明宣德年欵者即仍用大明宣德年欵也該監督年節進貢偶爾隨意用洋彩吉言新式之類不在此限欽此

乾隆十一年
分九江關榷務税課奏銷摺

内務府員外郎管理九江關務奴才唐英謹奏爲奏聞事竊奴才欽奉
硃批接管九江關務自乾隆拾壹年貳月貳拾柒日起連閏扣至乾隆拾貳年正月貳拾陸日止一年期滿共徵收過正耗等銀叁拾柒萬貳千壹百伍兩叁錢捌釐壹毫肆絲柒忽奴才細行覆算較拾年分徵收各數短少銀陸百叁拾柒兩貳錢零較之玖年分仍多銀貳千壹百玖拾肆兩貳錢零今除正額銀壹拾柒萬貳千貳百捌拾壹兩叁錢零按季解部交收外下存贏餘銀壹拾柒萬貳千壹百陸拾兩柒錢叁分零火耗銀貳萬柒千陸百陸拾叁兩貳錢陸分零其贏餘銀内照例動支拾壹年分窑工銀壹萬兩除俟該年窑工告竣另册報銷
内務府查覆外應存贏餘銀壹拾陸萬貳千壹百陸拾兩柒錢叁分零惟是九江關一年吏役工飯部科飯銀添平解費心紅等項雜費以及解交藩庫充公並奴才一年支用等費皆取給於火耗銀内所有拾壹年分火耗銀貳萬柒千陸百陸拾叁兩貳錢陸分零實不敷各項之用遵例於贏餘項下動支銀壹萬肆千肆百拾肆兩叁錢伍分零以爲添補各費之用實净存贏餘銀壹拾肆萬柒千柒百肆拾陸兩叁錢捌分叁釐肆毫壹絲陸忽陸微今奴才現將拾壹年分第肆季額銀並實存贏餘銀兩申請撫臣遴員管解並僉差吏役齎押一應册檔前赴户部交收仍遵例另疏具題外合將徵解數目及動支緣由恭摺奏聞伏祈皇
上睿鑒施行謹奏
硃批該部知道

乾隆十二年六月十六日

内務府飾命唐英爲昭陵燒造磁壺摺

五月初二日總管内務府謹

奏爲奏聞事據工部准盛京工部文開昭陵關防處陳設所用磁壺破壞一隻繪畫式樣轉行内務府備辦一對以備供奉應用等因前來查庫貯磁壺内並無此項式樣亦無別項堪用之壺臣等伏思

陵寢應用之物所關甚屬緊要相應飾交九江關監督唐英照依式樣敬謹燒造磁壺一對賫送前來以便給發應用臣等未敢擅便謹將繪圖一併呈

覽奏聞等因繕寫摺片具奏

奉旨　知道了欽此

乾隆十三年五月初二日

（原件無年分據《清宮瓷器檔案全集》補）

乾隆十三年分九江關税課奏銷摺

内務府員外郎管理九江關務奴才唐英謹

奏爲奏聞事竊奴才荷蒙

皇上隆恩接管九江關務自乾隆拾叁年正月貳拾柒日起連閏扣至拾叁年拾貳月貳拾陸日一年期滿共徵收過正耗等銀肆拾萬壹千陸百玖拾伍兩貳錢貳分伍厘肆毫壹絲陸忽奴才細行核算較拾貳年分徵收各數多銀壹萬伍千伍百玖拾叁兩貳錢有零蓋緣川江水大木簰踵至兼之江廣米價較賤於江南其買米船隻過關者甚多是以錢糧充裕仰賴

皇上天恩不但盛於上屆即節年以來亦未有如此之豐盈者今除正額銀壹拾柒萬貳千貳百捌拾壹兩叁錢零按季解部交收外下存贏餘銀壹拾玖萬玖千玖百叁拾叁兩叁錢零火耗銀貳萬玖千肆百捌拾兩伍錢伍分零其贏餘銀内照例動支拾叁年分窑工銀壹萬兩除俟該年窑工告竣另冊報銷内務府查核外應存贏餘銀壹拾捌萬玖千玖百叁拾叁兩叁錢零惟是九江關一年吏役工飯部科飯銀添平解費心紅等項雜費以及解交藩庫充公並奴才一年支用等費皆取給於火耗銀内所有拾叁年分火耗銀貳萬玖千肆百捌拾兩伍錢伍分零實不敷各項支用遵例於贏餘項内動支銀壹萬陸千肆百玖兩肆錢肆分伍厘零以爲添補各費之用實浄存贏餘銀壹拾柒萬叁千伍百貳拾叁兩玖錢壹分柒厘壹毫陸絲柒忽貳微今奴才現將拾叁年分尾季額銀並實存贏餘銀兩申請撫臣遴員管解並僉差吏役賫押一應冊檔前赴户部

交收仍遵例另疏具
題外合將徵解數目及動支緣由恭摺奏
聞伏祈皇上睿鑒施行謹奏
硃批知道了

乾隆十四年七月十二日

管理九江税務惠色赴景德窰廠請旨摺

管理九江關税務奴才惠色跪奏爲請旨事竊奴才仰蒙
聖恩監督九江關税兼管窰務除現在敬謹辦理小心製造外伏查前任監督唐英每年開工止工春秋兩次赴窰查辦瓷器其關税事務交九江府知府暫管久經具
奏在案今奴才接任後正值窰務開工即應赴廠查辦其關税事務應否仍交九江府知府劉炳暫行代管奴才未敢擅便理合恭摺奏明伏乞皇上批示遵行爲此謹奏
硃批照唐英之例行

乾隆十五年三月十一日

内務府查核唐英乾隆七年分瓷務用度摺

總管内務府事務和碩莊親王臣允祿等謹奏爲奏
聞事據九江關監督唐英將乾隆七年分燒造圓琢磁器件數併用過錢糧造報清册呈送前來臣等隨併派造辦處與磁器庫人員將該監督送到清册五本逐欵詳加查核續據該員等呈稱查得七年分共燒過圓琢磁器三萬三千七百四件内呈
進過上色圓琢器一萬三百四十六件得過次色嬌黄圓器一千一百三十件次色變價圓琢器一萬六千六百四十件破損過圓琢器五千五百八十八件共計用過製價銀六千九百三十兩七錢九分七厘四毫二絲四忽雜項運費用過銀一千五百九十四兩五分八厘五毫二共用過銀八千五百二十四兩八錢五分五厘九毫二絲四忽與從前所定燒造磁器則例比較查對其所有用過製價銀兩併破損之數不過二成次色變價銀兩與原燒造製價虧折不過三成均與則例相符但雜項運費内有修葺作房做盛磁器桶盤裝裱樣册修理旗牌併僱載磁器巴斗船隻等六項所用銀兩較前多用銀三十七兩八錢五

分再查該監督七年分支領過九江關盈餘銀一萬兩内除燒造磁器動用過銀八千五百二十四兩八錢五分五厘九毫二絲四忽尚餘存銀一千四百七十五兩一錢四分四厘七絲六忽併次色變價應得銀二千八十兩九錢二分一厘八毫五絲四忽等因呈報前來臣等復詳加查核其燒造磁器所用銀兩既與則例相符准其開銷外其多用銀三十七兩八錢五分應著落唐英賠補至變價次色磁器應令該監督作速變賣併前項餘存賠補銀兩一併解交造辦處其乾隆八年至十四年分所有燒造磁器用過錢糧册檔亦應令該監督作速分年造報俟送到之日臣等另行查核可也謹此奏聞

乾隆十五年四月初二日

内務府查核唐英乾隆八年分瓷務用度摺

總管内務府事務和碩莊親王臣允禄等謹奏爲奏聞事據九江關監督唐英將乾隆八年分燒造過圓琢磁器件數並用過錢糧細數繕造清册呈報前來臣等隨派出造辦處官員與磁器庫官員將該監督呈報清册五本令其逐欵詳加查核去後續據該員等呈稱查得八年分共燒造圓琢磁器三萬四千三百七十九件内進呈過上色圓琢磁器一萬六百五十九件得過次色嬌黄圓器一千一百二十八件次色變價圓琢磁器一萬六千八百六十五件破損圓琢磁器五千七百二十七件共用過製價銀六千七百五十六兩五錢二分六厘八毫三忽運送磁器及雜項用過銀一千五百三十七兩三錢九分五毫二共用過銀八千二百九十三兩九錢一分七厘三毫三忽與從前所定燒造磁器則例比較查對其所用過製價銀兩燒造磁器内破損不過二成次色變價銀兩與原燒造製價虧折不過三成均與則例相符但報銷總册内開乾隆八年分米價昂貴各作匠役每名每日額支飯食銀二分五厘因不敷食用每名每日加飯食銀五厘自正月起至十月共計二百九十四日計用匠工七萬九千三百八十名共添用過飯食銀三百九十六兩九錢三共用過銀八千六百九十兩八錢一分七厘三毫三忽但此項添用銀兩查歷年並未添用過將此比較七年分計多用銀三百九十六兩九錢再查八年分該監督支領過九江關盈餘銀一萬兩内除燒造磁器動用銀八千六百九十兩八錢一分七厘三毫三忽尚存銀一千三百九兩一錢八分二厘六毫九絲七忽又次色變價應得銀一千四百五兩一錢七分三厘等因具呈前來臣等詳加查核其燒造磁器所用銀兩既與定例相符准其開銷外其該監

督唐英呈報所添此項飯食銀兩既有定例不便額外加
增其加增銀三百九十六兩九錢不准開銷着落唐英賠
補及變價磁器銀一千四百五兩一錢七分三厘並前項
餘存銀一千三百九兩一錢八分二厘六毫九絲七忽俱
令該監督作速解交造辦處其乾隆九年至十四年分所
有燒造磁器用過錢糧册檔亦應令該監督作速分年造
報俟送到之日臣等另行查核可也爲此謹具奏聞
乾隆十五年八月初七日

唐英進貢

内務府員外郎管理粤海關務奴才唐英恭
進
各色緞顧繡九龍袍玖件
天青緞顧繡四團龍褂玖件
紅緞顧繡炕墊捌個
漢玉合符吉祥壹架
漢玉鐸壹架
漢玉雙瑁瓶壹件
漢玉鳳璧壹件
漢玉虁龍水吸壹件
白玉荷葉大洗壹件
白玉雙猿獻壽壹件
白玉苓芝雙喜洗壹件
碧玉大盤壹件
漢玉案頭陳設玖件
青緑三犧銅鼎壹件
青緑腰圓提樑銅酉壹件
青緑雙環銅瓶壹件
青緑銅渣斗壹件
青緑百子銅鼎壹件
紫檀木寶座全分
紫檀木御案壹張
紫檀木書格壹對
紫檀木書桌壹對
仿青緑商絲天禄瓷罇壹對
仿青緑文王瓷鼎壹分
洋彩玲瓏轉旋瓷瓶壹對
乾隆十五年八月初二日唐英
進單

內務府查核唐英乾隆九年分燒造瓷器用度摺

乾隆十六年十一月初一日總管內務府事務和碩莊親王臣等謹奏爲奏聞事據監督唐英將乾隆九年分燒造過圓琢磁器件數並用過錢糧細數繕造清册呈報前來臣等隨派出造辦處官員與磁器庫官員將該監督呈報清册五本令其逐欵詳加查核去後續據該員等呈稱查得九年分共燒造過圓琢磁器三萬四千二百三十六件內進呈上色圓琢磁器一萬八百二十三件得過次色嬌黃圓器一千一百二十八件次色變價圓琢磁器一萬六千五百八十四件破損圓琢磁器五千七百一件共用過製價銀六千四百二十八兩八錢一分一厘七毫七忽運送磁器及雜項用過銀一千五百三十五兩五錢八分六厘五毫二共用過銀七千九百六十四兩三錢九分八厘二毫七忽與從前所定燒造磁器則例比較查對其所用過製價銀兩燒造磁器內破損不過二成次色變價銀兩與原燒造製價虧折不過三成均與則例相符但雜項內有修葺作房一項較之八年分多用銀十二兩五錢再查九年分該監督支領過九江關盈餘銀一萬兩內除燒造磁器動用銀七千九百六十四兩三錢九分八厘二毫七忽尚存銀二千三十五兩六錢一厘七毫九絲三忽又次色變價應得銀一千一百五十七兩一錢九分一厘等因具呈前來臣等詳加查核其燒造磁器所用銀兩既與定例相符准其開銷外其多用銀十二兩五錢不應除銷著落唐英賠補至變價磁器銀一千一百五十七兩一錢九分一厘並前項餘存銀二千三十五兩六錢一厘七毫九絲三忽俱令該監督作速觧交造辦處其乾隆十年至十四年分所有燒造磁器用過錢糧册檔亦應令該監督作速分年造報俟送到之日臣等另行查核可也爲此謹具奏聞等因繕摺總管內務府事務紀録三次和碩莊親王總管內務府事務紀録三次和碩和親王管理養心殿造辦處紀録一次和碩怡親王經筵講官太保大學士議政大臣領侍衛內大臣兼管吏部户部理藩院事務總管內務府大臣管理三庫事務忠勇公加二級傳恒太子太傅大學士議政大臣領侍衛內大臣兼管兵部事務總管內務府大臣來保太子少保內大臣户部尚書兼管户部三庫事務總管內務府大臣海望工部右侍郎革職留任總管內務府大臣三和總管內務府大臣兼鑲藍旗滿洲副都統降三級留任又降一級留任蘇赫訥委署

總管內務府大臣兼管理圓明園事務傒赫
御前二等侍衛降二級留任總管茶膳房事務承恩公德
保乾清門四等侍衛永興等交與御前二等侍衛安恭等
轉奏奉
旨知道了

唐英進貢

內務府員外郎管理粵海關務奴才唐英恭進
玉器伍件
玉玩都盛盤壹分
紫檀書架壹對
瓷玩器叁拾陸件
仿青綠瓷花罇貳對
瓷轎瓶壹對
千里鏡肆枝
交作鐘處推鐘貳元
玻璃挂鏡捌面
乾隆十六年正月初六日
乾隆十六年二月二十五日唐英
進單內瓷玩器三十陸件實往進的只三十二件記此於
五月拾二日此單內物送到呈覽見將少瓷玩器四件之
處劉萬奏明奉旨知道了欽此　於五月十二日三和
奏事薩哈岱數對交進單交三和查收呈覽訖

內務府查核唐英
乾隆十年分燒造瓷器用度摺

總管內務府事務和碩莊親王臣等謹奏爲奏
聞事據監督唐英將乾隆十年分燒造過圓琢磁器件數並用過錢糧細數繕造清册呈報前來臣等隨派出造辦處官員與磁器庫官員將該監督呈報清册五本令其逐欵詳加查核去後續據該員等呈稱查得十年分共燒造過元琢磁器三萬四千二百十七件內進
呈過上色元琢磁器一萬六百五十件次色嬌黄圓器九百十件次色變價元琢磁器一萬六千九百六十二件破損元琢磁器五千六百九十五件共用過製價銀六千一百八十兩六錢四分一毫一絲三忽運送磁器及雜項用過銀一千五百二十三兩六錢八分一厘二共用過銀七千七百四兩三錢二分一厘一毫一絲三忽與從前所定燒造磁器則例比較查對其所用過製價銀兩燒造磁器內破損不過二成次色變價銀兩與原燒造製價虧折不

過三成均與則例相符再查十年分該監督支領過九江關盈餘銀一萬兩内除燒造磁器動用銀七千七百四兩三錢二分一厘一毫一絲三忽尚存銀二千二百九十五兩六錢七分八厘八毫八絲七忽又次色變價應得銀一千二百八十三兩二錢五厘等因具呈前來臣等詳加查核其燒造磁器所用銀兩既與定例相符准其開銷其變價磁器銀一千二百八十三兩二錢五厘並前項餘存銀二千二百九十五兩六錢七分八厘八毫八絲七忽俱令該監督作速解交造辦處其乾隆十一年至十五年分所有燒造過元琢磁器用過錢糧數目册檔細數臣等另行查核可也爲此謹具奏聞於乾隆十七年二月十三日具奏

奉 旨知道了這所查奏甚遲滯欽此

内務府查核惠色 乾隆十五年分燒造瓷器用度摺

總管内務府事務和碩莊親王臣等謹奏爲奏

聞事據監督惠色將乾隆十五年分燒造過圓琢磁器件數並用過錢糧細數開造清册呈報前來臣等隨派造辦處官員與磁器庫官員將該監督呈報清册五本令伊等逐欵詳加查核去後續據該員等呈稱查得乾隆十五年分共燒造過圓琢磁器二萬二千六百六件内進

呈過上色圓琢磁器七千六十件次色嬌黄圓器一千八百三件次色變價圓琢磁器九千九百八十八件破損圓琢磁器三千七百五十五件共用過製價銀五千三十九兩三錢五分五厘四毫五絲二忽解運磁器及雜項用過銀一千二百三十五兩四錢一分四厘二共用過銀六千二百七十四兩七錢六分九厘四毫五絲二忽與從前所定燒造磁器則例比較查對其所用製價銀兩燒造磁器内破損不過二成次色變價銀兩與原燒造製價虧折不過三成均與則例相符但查該監督惠色進

呈上色圓琢磁器内選出霞破毛邊胎破吊釉耳破短少磁器共計一千十五件由造辦處照例核減價銀三百八十八兩四分六厘三毫四絲二忽業奏明查收貯庫再該監督支領過九江關盈餘銀一萬兩内除燒造磁器動支過銀六千二百七十四兩七錢六分九厘四毫五絲二忽尚存銀三千七百二十兩二錢三分五毫四絲八忽已經造辦處奏明查收在案俱無庸查議外乾隆十五年分進

呈上色圓琢磁器數目較之十一年分磁器數目甚少其雜項修葺作房成做墊磁器所用棉花紅白棉紙及僱載磁器船隻共十三項比十一年分多用九兩七錢二分次色變價應得銀一千二百九兩八錢四分六厘等因呈報

前已復加查核其燒造磁器所用銀兩既與則例相符准其開銷外其多用銀□□（不清）七錢二分不准開銷應着落惠色賠補至變價次色磁器應令該監督作速變價併前項賠補銀兩一併解交造辦處再未呈報乾隆十二年至十六年分燒造過磁器數目用過錢糧册檔臣等業經遵
旨嚴行飭催在案俟該監督等呈報到日臣等另行派員查核可也謹此奏聞於乾隆十七年五月二十九日具奏
奉 旨知道了欽此
應行辦理之處俱係磁庫辦理

内務府奏明唐英進呈燒造瓷器用度情况摺

和碩莊親王臣允禄等謹奏爲奏
聞事臣等查得九江關監督唐英自乾隆元年起至五年分燒造磁器用過錢糧數目由軍機處同造辦處查核具奏在案六年起至十一年分報銷册檔因則例章程未定該監督未行造報自乾隆十二年十月内臣等
奏准則例章程飭令該監督始行分年造報六年七年八年九年分用過錢糧數目册檔臣等派員會同造辦處官員陸續查核
奏准俱在案現今乾隆十年十一年分燒造圓琢磁器所用錢糧數目册檔於乾隆十六年十一月内呈報前來臣等隨派員會同造辦處官員令其逐件照例詳細查核具奏再監督惠色報到任内燒造過乾隆十五年分圓琢磁器用過錢糧數目册檔現今臣等派員會同造辦處官員令其逐件照例詳細查核俟查明之日臣等另行具奏外其未呈報乾隆十二年至十六年分燒造過圓琢磁器所用錢糧數目册檔飭令核監督等作速呈報俟報到之日臣等一併查核具奏可也爲此謹具奏聞奉旨着尚緊催欽此
乾隆十七年

（按：此件原無年月日，據《清宫瓷器檔案全集》，故排於此）

恭謝恩准帶子赴任協助奏摺

内務府員外郎管理九江關務奴才唐英謹奏爲恭謝天恩事
竊奴才奉命調任九江關恭摺請將兒子寅保仍賞帶往幫助一摺奉到硃批准汝帶往欽此奴才隨即恭設

香案率同寅保望闕叩頭謝恩訖伏念奴才前蒙恩旨着寅保來粵幫助兹復蒙恩准帶往九江天恩優渥有加無已奴才父子沐此殊恩感激莫可名狀惟有實心實力共竭犬馬之誠仰報隆恩於萬一耳

謹此繕摺恭謝天恩伏乞皇上睿鑒謹奏

硃批閱

乾隆十七年三月二十一日

皇太后萬壽恩賞謝恩摺

內務府員外郎管理九江關務奴才唐英謹奏爲恭謝天恩事

奴才於乾隆十七年正月十七日自粵海關起程前赴九江關新任隨於江西途次有奴才賫摺家人捧回皇太后萬壽恩賞貂皮六張緞子四疋到奴才當即恭設香案望闕叩頭祇領訖伏念奴才內府犬馬恭逢普天同慶萬壽無疆之盛典奴才因奉差在粵未得赴京叩祝益蒙恩賞貂皮緞子奴才祇領之下實深感激悚惶惟有敬謹收存以誌恩光於無限耳謹此恭摺叩謝天恩伏乞皇上睿鑒謹奏

硃批覽

乾隆十七年三月二十一日

到任九江接管九江關務陶務奏摺

內務府員外郎管理九江關務奴才唐英謹奏爲恭報接管關務日期並交待窑廠瓷務緣由仰祈睿鑒事

竊奴才蒙恩命復行調任九江關將粵海關税務交待清楚於乾隆十七年正月十七日自粵起程業經恭摺奏聞在案兹奴才於三月初三日已抵九江關新任遂准前監督惠色將該關税務交奴才接受管理奴才即於是日接管任事謹率同兒子寅保照例秉公徵收悉心經理以期課裕民安其窑廠瓷務及動用錢糧數目必須奴才眼同協造老格照册逐項交盤收受現在始得陸續交待清楚奴才即赴廠料理燒造合將奴才接管關務日期並交待窑廠瓷務緣由一併恭摺奏聞叩謝天恩

伏乞皇上睿鑒謹奏

硃批知道了

乾隆十七年三月二十一日

恭繳硃批請安摺四件摺

内務府員外郎管理九江關務奴才唐英謹奏爲恭
繳硃批事
奴才奉到硃批請安摺四件硃批奏事摺三件理合
奏聞恭繳謹奏
硃批覽

乾隆十七年三月二十一日

唐英進貢

進
九江關監督奴才唐英恭進
天禄萬年撞罐壹對
象生花瓷轎瓶貳對
仿表式瓷香盒貳對
仿洋瓷海螺拾貳件
乾隆十七年九月十三日唐英進單

爲惠色乾隆十六年分九江關任内税課奏銷摺

内務府員外郎管理九江關務奴才唐英謹奏爲奏
銷前任關税事
竊照九江關徵收正耗盈餘例應按年具摺奏報兹
奴才查乾隆十六年分前監督惠色管理九江關任内自
乾隆十六年三月初九日起連閏扣至乾隆十七年二月
初八日止一年期滿共徵過正耗等銀三十九萬零二百
四十二兩二錢零内剔除火耗銀三萬零一百六十六兩
九錢零止就所收正銀三十六萬零七十五兩三錢零與
乾隆十五年分所收正銀三十五萬一千四百八十三兩
三錢零按照比較則十六年分計多收銀八千五百九十
二兩零即遵例與雍正十三年分比較亦屬有盈無絀今
除正額銀一十七萬二千三百八十一兩三錢零按季解
部交收外下存盈餘並火耗銀二十一萬七千九百六十
兩九錢零其盈餘銀内向例每年動支窑工銀一萬兩十
六年分惠色兼管窑工任内實止於盈餘項下動支銀七
千兩另在窑工案内自行册報内務府核銷仍存盈餘並
火耗銀二十一萬零九百六十兩九錢零計九江關一年

吏役工飯部科飯銀添平解費心紅等項雜費以及解交藩庫充公並惠色一年支用等費皆取給於火耗銀內所有十六年分火耗銀三萬零一百六十六兩九錢零不敷各項支用遵例於盈餘銀內動支二萬三千四百五十一兩七錢九分零以爲添補各費之用另造清册送部核銷計淨存盈餘銀一十五萬七千三百四十二兩二錢九分零應與該年尾季額銀一併委員解部緣惠色奉命調任張家口所有前項盈餘並該年尾季額銀及收支册檔移交奴才接收委解代爲奏銷今奴才業經申請撫臣遴員到關分批解部並照例恭疏具題訖合將乾隆十六年分惠色管關一年期內移交徵收正耗盈餘及支銷解部各數並比較有盈無絀緣由一併代爲查明奏銷

伏乞皇上睿鑒敕部查核施行謹奏

硃批該部核議具奏

乾隆十七年九月十五日

唐英進貢

內務府員外郎管理九江關務奴才唐英率子編修寅

保恭進

紫檀寶座壹尊

紫檀案壹張

紫檀炕桌肆張

福字硃絹箋壹百張

大提筆玖枝

倣古磁鼎玖件

洋彩荷花轉旋缾壹對

磁玩都盛盤壹分

乾隆十七年十二月二十日唐英進單

爲差期將届循例請旨摺

內務府員外郎管理九江關務奴才唐英謹奏爲差期一年將届循例預行請旨事

竊奴才於乾隆十八年正月二十四日欽奉硃批諭旨接管九江關務自本年二月初九日起扣至乾隆甲戌年二月初八日一年期滿遵查向例每於届滿之兩三月前預行奏報請皇上點差以便臨期更換今奴才接管乾隆十八年分關務現已第三季除一切徵守遵例辦理外合將届滿日期循例預行奏聞請旨伏乞皇上睿鑒謹奏

硃批可再接管

乾隆十八年一月初九日

内務府查核唐英乾隆十二年分燒造瓷器用度摺

總管内務府事務和碩莊親王臣允祿等謹奏爲奏
聞事據九江關監督唐英將乾隆十二年秋季分燒造過圓琢磁器件數並用過錢糧細數開造清册呈報前來臣等隨派出磁器庫官員會同造辦處官員將該監督呈報清册令其逐欵詳加查核據該員等查得九江關監督燒造磁器歷係秋冬兩次運京恭進十二年冬季分所進磁器奉
旨此次唐英呈進磁器仍係舊樣爲何不照所發新樣燒造進呈將這次呈進磁器錢糧不准報銷着伊賠補欽此欽遵在案除將十二年冬季分燒造磁器所用錢糧毋庸查銷外今該監督呈報秋季分燒造過圓琢磁器一萬六千九百六十九件内進
呈過上色圓琢磁器五千三百七十六件次色嬌黄圓器九百二十二件次色變價圓琢磁器七千八百四十七件破損圓琢磁器二千八百二十四件共用過製價銀三千九十九兩四錢三分一釐六絲九忽再運送磁器及雜項用過銀一千四百六十九兩八錢一分三釐五毫二共用過銀四千五百六十九兩二錢四分四釐五毫六絲九忽照從前所定燒造磁器則例比較查對其所用製價銀兩燒造磁器内破損不過二成次色變價銀兩與原燒造製價虧折不過三成均與則例相符但查該監督支領過九江關盈餘銀一萬兩内除燒造磁器動用過銀四千五百六十九兩二錢四分四釐五毫六絲九忽尚存銀五千四百三十兩七錢五分五釐四毫三絲一忽變價應得銀七百九十七兩九錢四分八釐等因呈報前來臣等復加查核其燒造磁器所用錢糧既與則例相符准其開銷外其變價次色磁器應令該監督作速變價並前項尚存銀兩一併解交造辦處再乾隆十三年十六年分燒造過磁器數目用過錢糧細數册檔該監督已經報到臣等現今派員查核俟查明之日另行具
奏外其未行呈報十四年十七年分燒造過磁器數目用過錢糧細數册檔復飭交該監督作速呈報俟報到之日臣等另行查核可也謹此奏聞

乾隆十八年二月初四日

乾隆十八年二月初四日具奏奉
旨知道了

內務府查核唐英乾隆十三年分燒造瓷器用度摺

總管內務府事務和碩莊親王臣允祿等謹奏爲奏

聞事據九江關監督唐英將乾隆十三年分燒造過圓琢磁器件數並用過錢糧細數繕造清册呈報前來臣等隨派出造辦處官員與磁器庫官員將該監督呈報清册六本令其逐欵詳加查核去後續據該員等呈稱查得十三年分共燒造過圓琢磁器二萬一千四百四十五件內進呈過上色圓琢磁器七千四百七十九件次色嬌黃圓器二千二百二十三件次色祭器一百六十四件次色變價圓琢磁器八千十一件破損圓琢磁器三千五百六十八件共用過製價銀七千三百六十七兩一錢四分一厘一毫一忽運送磁器及雜項用過銀二千八十七兩七錢七分六厘五毫二共用過銀九千四百五十四兩九錢一分七厘六毫一忽與從前所定燒造磁器則例比較查對其所用過製價銀兩燒造磁器內破損不過二成次色變價銀兩與原燒造製價虧折不過三成均與則例相符再查十三年分該監督支領過九江關盈餘銀一萬兩內除燒造磁器動用銀九千四百五十四兩九錢一分七厘六毫一忽尚存銀五百四十五兩八分二厘三毫九絲九忽又次色變價應得銀九百六十兩五錢四分四厘等因具呈前來臣等詳加查核其燒造磁器所用銀兩既與定例相符准其開銷外變價磁器銀九百六十兩五錢四分四厘並前項餘存銀五百四十五兩八分二厘三毫九絲九忽俱令該監督作速解交造辦處再乾隆十六年分燒造過磁器數目用過錢糧册檔該監督已經報到臣等現今派員查辦俟查明之日另行具

奏外其未行呈報十四年十七年分所有燒造過圓琢磁器用過錢糧細數册檔飭交該監督作速呈報俟報到之日臣等另行查核可也謹此奏聞

乾隆十八年七月初五日(奉)

旨知道了十四年報銷爲何尚未送到唐英着飭行

乾隆十七年分九江關税奏銷摺

內務府員外郎管理九江關務唐英謹奏爲奏銷關税事

竊照各關征收税課經户部奏准無論兩任三任俱令扣足一年報滿奴才前蒙恩命調任接管九江關務遵例統前後任扣算自乾隆十七年二月初九日起至乾隆

十八年二月初八日止一年期滿共征收過正耗等銀三十八萬二千六百七十五兩六錢零内剔除火耗銀二萬九千零六十兩八錢零七〇(不清)所收正銀三十五萬三千六百一十四兩八錢零自乾隆十六年所收正銀三十六萬零七十五兩三錢零按照比較則十七年分計少收銀六千四百六十兩五錢零查係該年秋冬之際過關船隻稍遜於上年所收料税因之減少是以比較數有參差再遵例與雍正十三年分比較仍屬有盈無縮今除正額銀一十七萬二千二百八十一兩三錢零按季解部交收外下存盈餘並火耗銀二十萬零三百九十四兩三錢零其盈餘銀内照例動支十七年分窑工銀一萬兩俟該年窑工告竣當在窑工一案内自行册報内務府核銷仍存盈餘並火耗銀二十萬零三百九十四兩三錢零計九江關一年吏役工飯部科飯銀添平解費心紅等項雜費以及解交藩庫充公並奴才一年支用等費皆取給於火耗銀内所有十七年分火耗銀二萬九千零陸十兩八錢零不敷各項支用遵例於盈餘銀内動支二萬零四百二十八兩五錢零以爲添補各費之用另造清册送部核銷計净有盈餘銀一十五萬零九百零四兩九錢零現同該年尾季額銀一併申請撫臣委員到關分批解部仍照例恭疏具題統合將乾隆十七年分奴才接管税務統前後任扣足一年期内征收支銷解部各數並比較多寡緣由一併查明奏銷伏乞
皇上睿鑒敕部查核施行謹奏

乾隆十八年十一月二十一日乾隆十八年十二月二十二日奉

硃批該部核議具奏欽此

再任關務謝恩摺

内務府員外郎管理九江關務奴才唐英謹奏爲恭
謝天恩事

竊奴才於乾隆十八年一月初九日循例預報該年關務期滿一摺今於乾隆十九年正月十七日奴才賚摺家人捧回摺匣欽奉硃批汝再接管欽此欽遵奴才隨率同兒子寅保恭設香案望闕叩頭謝恩訖伏念奴才以内務府微末荷蒙皇上高厚隆恩叠膺關榷錢糧重任駑駘長馭實切悚惶兹乾隆十九年分税務復蒙聖恩著奴才接管跪讀硃批感懼交並惟有率同寅保小心謹慎仰體
皇仁通商裕課以盡奴才父子犬馬報主之誠於萬一所有奴才感激蟻忱謹繕摺奏聞伏乞皇上睿鑒奏

硃批覽

乾隆十九年正月二十五日

爲恭繳硃批事摺

内務府員外郎管理九江關務奴才唐英謹奏爲恭
繳硃批事
所有奴才奉到硃批請安摺參件硃批奏事摺壹件
理合奏聞恭繳謹奏

乾隆十九年正月二十五日

唐英進貢

内務府員外郎管理九江關務奴才唐英率子編修寅
保恭進
紫檀寶座壹尊
紫檀御案壹張
文王磁鼎壹分
五瑞轉旋瓶壹對
均釉蘭花盆景壹對
扇式磁挂瓶捌件
膠紗壹百疋
葛紗壹百疋
香袋壹百個
香牌壹百個
曹扇壹百把
宫扇貳匣
乾隆十九年閏四月十八日唐英進單

唐英進貢

進
内務府員外郎管理九江關務奴才唐英率子編修寅
保恭進
三元轉旋餅壹件
磁製開其里肆匣
轎中爐餅三事貳分
長春太極餅壹對
霽紅儈帽壺壹對
乾隆十九年九月二十八日唐英進單奉
旨所進之物着伊差來之人送進京交三和查收
欽此

唐英進貢

進

內務府員外郎管理九江關務奴才唐英率子編修寅

保恭進

萬壽仙臺壹座

花梨繡墩肆對

彩漆圓桌壹對

紫檀炕几壹對

彩漆膳盒伍對

磁火盆貳對

黃緞迎手靠背壹分

貢緞袍褂料拾套

五色絨線拾觔

乾隆十九年十一月初四日唐英進單

乾隆十八年分九江關稅課奏銷摺

內務府員外郎管理九江關務奴才唐英謹奏爲奏銷事

竊照九江關徵收正耗盈餘例應按年具摺奏報奴才荷蒙聖恩接管九江關稅務計自乾隆十八年二月初九日扣至乾隆十九年二月初八日止一年期滿共徵過正耗等銀三十八萬三千一百五十四兩二錢零內剔除火耗銀二萬八千玖百二十五兩七錢零止就所收正銀三十五萬四千二百二十八兩四錢零與乾隆十七年分所收正銀三十五萬三千六百一十四兩八錢零按照比較則十八年分計多收銀六百一十三兩六錢零今除正額銀一十七萬二千二百八十一兩三錢零按季解部交收外下存盈餘並火耗銀二十一萬零八百七十二兩九錢零其盈餘銀兩內照例動支十八年分窑工銀一萬兩俟該年窑工告竣另在窑工案內自行冊報內務府核銷仍存盈餘並火耗銀二十萬零八百七十二兩九錢零計九江關一年吏役工飯部科飯銀添平解費心紅等項雜費以及解交藩庫充公並奴才一年支用等費皆取給於火耗銀內所有十八年分火耗銀二萬八千九百二十五兩七錢零不敷各項支用遵例於盈餘銀內動支二萬零六十一兩一錢零以爲添補各費之用另造清冊送部核銷計淨存盈餘銀一十五萬一千八百八十六兩零現同該年尾季額銀一併申請撫臣委員到關分批解部仍照例恭疏具題訖合將乾隆十八年分奴才接管關務一年

期内徵收支銷解部各數並比較上屆有盈無絀緣由恭
摺奏銷
伏乞皇上睿鑒敕部察核施行謹奏
硃批該部核議具奏

乾隆十九年十一月二十一日

恭奏於關税火耗銀内支取銀兩摺

内務府員外郎管理九江關務奴才唐英謹奏爲據
實奏聞仰祈睿鑒事
竊奴才荷蒙皇上隆恩疊命管理九江關務所有奴
才節年用度悉於火耗項下動支俟年滿奏銷之日將用
過實數據實奏聞歷蒙聖慈垂鑒悉准支銷俾得辦公寬
裕豢養有資奴才雖勉竭犬馬血誠亦難酬高厚於萬一
兹查乾隆十八年分自本年二月初九日起至乾隆十九
年二月初八日止一年期内遵於火耗項下支用過銀一
萬一千兩奴才諸凡加意節省查上屆支用數目相符除
在照例彙册報部外合將一年期内支用過銀兩實數繕
摺奏聞伏祈皇上睿鑒奏
硃批閲

乾隆十九年十一月二十一日

唐英進貢

進
内務府員外郎管理九江關務奴才唐英率子編修寅
保恭進
紫檀寶座壹尊
紫檀御案壹張
繡圍屏壹座
納紗挂燈拾對
鑲磁炕几壹對
彩漆膳盒伍對
彩漆茶盤肆拾個
青緑角端爐瓶三式貳分
福字絹箋壹百幅
乾隆十九年十二月十二日唐英進單

向内務府飭駁無先例查辦窑務中平色銀使用報銷事

監督九江關税仍管窑務内務府員外郎兼佐領加三級唐英爲飭駁事乾隆拾玖年柒月貳拾叁日准廣儲司磁器庫等處咨前事内開本司會同養心殿造辦處官員呈稱查九江關監督唐英任内拾肆年分不敷透用平色銀壹千玖百柒拾兩叁錢伍分玖厘惠色任内拾陸年分不敷透用平色銀陸百柒拾兩玖錢伍分陸厘呈請動用燒造瓷器餘存銀兩撥補完案一事前經職庫會同造辦處官員呈稱該監督既稱每年所出平色銀兩不敷辛費之用應將彼處雇覓人夫工價核減如果實不能核減該監督亦應分晰 奏明辦理乃並未查辦具 奏歸入銷算摺内抵除正項錢糧與例不符將呈報原冊駁回令該監督等詳細分晰查辦俟 奏明呈報到日再行核銷等因呈明駁查去後今據監督唐英九江關督惠色陸續呈報前來僉稱廠内辦事人等有畫樣登記檔案銷算冊籍等事各有所司並無濫設其各人所得辛力月工雖有多寡不同亦均係按其辦事之繁簡以定辛工之輕重稱事而給本無浮多實難核減故於章程例案内分條列款按名給發歸入正項錢糧冊内一體開銷雖屬平色實與正項無異且此項不敷透用平色銀兩歷年照數滚發按年冊報有案及至拾伍年拾柒年職等調任因窑務錢糧例係各管各任故本任流滚用去銀兩不能移交接管之員任内續辦而窑廠燒造項下又無別欵可以抵銷是以列冊申請在於餘存項内抵補今蒙飭駁着令職等自行 奏明伏查銷算瓷務案内向無本監督自行陳 奏之例未敢徑行可否准予抵銷之處統俟王爺大人核定奏銷完案等因呈報前來查九江關燒造瓷器給發物料工價每年所出平色銀兩該監督既經報出自應歸入正項錢糧内一體辦理年清年欵自無有餘不足之事乃該監督當年並未如此查辦將此項平色作爲雇募管作辦事人等工價之費有餘之時既不與餘存銀兩一同解交迨至不敷給發又不將應動用何項抵補之處早爲聲明料理遷延至今始行呈請代爲轉 奏在於餘存項内抵補完案與例不符且廠内辦事人等該監督雖稱並無濫設應給工價亦無浮多實難核減等語但查廠内管作辦事人等每作應需若干名何項人等應給工價若干兩章程例案内並未分晰開載而彼處情形又不深悉其中有無應行核減之處礙難懸定況此項事件原係該監督自行辦理之案實與銷算瓷務案件不同乃該監督不行核減又不自行 奏明核銷事屬推諉

相應呈明將原冊駁回仍令該監督作速詳細查辦妥協
自行　奏請完案可也等因具呈奉
王大人批准相應將原冊駁回希即作速詳細查辦妥協
自行　奏請完案事關奏銷幸毋延緩等因移會到關
准此竊查司官前一任管理窑務報出平色銀兩請作窑廠
辦事人等辛力月工之用如本年所出平色用有餘存留
爲下年應用倘不敷給發即撥次年平色抵補其每年流
滾應用有餘不足遵照章程案内分別辦事之繁簡按名
給發歸入正項冊内一體造報在案是窑廠平色一項餘
則存缺則補爲億萬年辦理窑務章程成規嗣緣司官燒造
瓷器動用錢糧加意節省所用正項錢糧既少應出平色
亦是無多以致不敷給發其撥補緣由維時業於奏銷冊
内聲明動支次年平色流滾抵補歷年循照辦理是以不
須呈請撥項抵補迨至乾隆拾伍年司官調任粤海窑務錢
糧例係各管各任不能移交接任之員任内接續滾辦且
查窑廠又無別欵可以抵補完案竊思平色銀兩例得歸
入正項錢糧冊内一律報銷實與正項無異故於拾肆年
分滿任窑廠交代之後請將透用平色銀壹千玖百柒拾
兩叁錢伍分玖厘即於拾肆年分燒造錢糧餘存項下抵
補完案前次奉文飭令司官自行奏銷司官因係内務府屬員
無徑自
奏請之例是以謹將不敷緣由詳細分晰呈覆恭候王爺
大人酌核奏銷亦在案今復接奉來文内開廠内管作辦
事人等每作應需若干名何項人等應給工價若干兩章
程例案内並未分晰開載而彼處情形又不深悉其中有
無應行核減之處礙難懸定仍令司官自行奏銷等因仰見
王爺大人愼重奏銷體恤下情之德意司官敢不凛遵但查
窑工應用辦事人等如經管畫樣以及錢糧冊擋並庫貯
瓷件坯胎出入煉料暨銷算册籍等項共計拾壹作每作
每月工食銀自拾兩至捌兩叁肆兩不等兼之每作止得
壹名經理其事斟酌繁簡給發工價每年共需銀柒百肆
拾餘兩現有歷年奏銷成案册籍可查委因遞年燒造節
省所出平色減少不敷前項支用年滾一年積成壹千玖
百柒拾兩有奇之數實用實銷是難核減此係實在情形
理合再爲分晰呈覆緣奉前因司官實不敢自行陳奏以蹈
違例之愆謹此呈懇王爺大人俯念窑務關係欽工按例
支用並無浮多且歷年報銷瓷務錢糧例係瓷器庫會同
造辦處查核前項不敷銀兩仰祈王爺大人恩飭查核之
員查案核議請示具奏完案俾燒造之員得以永遠遵行
辦公不致掣肘公便靡既爲此備由同冊一併呈送伏乞
照驗施行須至呈者右呈内務府

乾隆二十年二月初三日

恭謝皇上賜福字摺

內務府員外郎管理九江關務奴才唐英謹奏爲恭
謝天恩事
乾隆二十年二月初二日奴才賫摺家人恭捧皇上
恩賞御書福字到關奴才隨率兒子寅保跪迎至署恭設
香案望闕叩頭謝恩祇領訖優惟睿藻輝煌光照雲漢凡
蒙頒賜者靡不奉爲至寶殊榮奴才以內府微末叠沐隆
恩連任關務當兹接管伊始恭逢福自天來敬瞻宸翰儼
對聖慈奴才自揣何人仰荷天恩如此其極惟有永遠供
奉傳之子孫共誌恩榮以圖犬馬之報於生生世世耳奴
才謹將感激蟻悃繕摺奏聞伏祈皇上睿鑒謹奏
硃批閱
乾隆二十年二月初七日

惠色奏請乾隆十五十六兩年次等黄色五爪龍瓷器應從唐英例上交內務府摺

奴才惠色謹奏爲恭繳嬌黄次色磁器事查前任九江
關監督唐英前於乾隆柒年陸月內欽奉
諭旨嗣後次色不必來京即在本處變價欽此欽遵在案
嗣經唐英以選落之次色內有黄器並五爪龍等件民間
未便擅用似宜仍運進京以補內庭添補富餘等因奏請
聖訓於乾隆捌年叁月內欽奉
硃批黄器如所請行五爪龍者外邊常有仍照原議行欽
此欽遵亦在案今查監督唐英於乾隆拾伍年調任粤海
關奴才接管燒造拾伍拾陸兩年磁器將上色者進呈其應
行變價之次色亦經按例估計銀貳千肆百壹拾兩零於
乾隆拾捌年拾貳月照數清交養心殿至嬌黄次色自應
遵旨恭繳計乾隆拾伍年分次色黄器壹千捌百零叁件
拾陸年分次色黄器壹千捌百零叁件理合分別開造清
册交送廣儲司照册查收爲此奏聞
乾隆二十年三月二十七日
乾隆二十年四月初二日奉旨知道了欽此

唐英進貢

内務府員外郎管理九江關務奴才唐英率子編修寅

保恭

進

紫檀鑲磁書架壹對

紫檀書桌壹對

龍舟䴵壹座

金鐘籠肆對

鑲磁宫扇拾柄

膠紗壹百疋

葛紗壹百疋

香袋壹百個

香牌壹百個

摺扇壹百把

乾隆二十年四月二十六日唐英進單

爲蕩平準噶爾恭賀摺

内務府員外郎管理九江關務奴才唐英率子編修寅保謹奏爲天威遠播綏靖遐荒伊里蕩平恭申賀悃事

六月二十五日伏請邸抄欽奉上諭將軍班第等平定準夷大功告捷奴才敬聆之下不勝雀躍竊思準噶爾僻處荒遠自外生成勞兩聖之經營屢申撻伐荷一人之涵育仍示包容乃喇嘛達爾札既滅棄天常逆豎達瓦齊復肆行篡竊以致諸番解體絡繹歸誠我皇上大潤物之恩審乘時之義時申天討命將遄征分西北以進師處處簞壺夾道聞恩威而投甲人人耕收不驚遂乃去彼根株夷其巢窟犂庭掃穴曾無一矢半鏃之遺鑄鏑銷鋒寧煩柳往雪來之久從此遐荒永靖邊境敉寧慰列聖未竟之心貽祖宗無疆之福洵熙朝之盛事亦前古所希聞奴才榷關江右望闕神依聞露布之飛馳惟深忭蹈慶膚功之克集莫罄揄揚爲此具摺叩賀天禧奴才無任踴躍欣喜之至謹奏

硃批閲

乾隆二十年六月九日

内務府對窯務中平色銀使用摺

總管内務府等衙門謹奏爲請

旨事據管理九江關税仍管窯務員外郎唐英呈報銷算乾隆十四年燒造磁器用過錢糧册開乾隆六年起至十四年遞年所出節省平色銀兩不敷給發廠内辦事人等辛費流滚透用平色銀一千九百七十兩三錢五分九厘原管九江關税兼管窯務今調三旗遊牧總管惠色呈報銷算乾隆十六年燒造磁器用過錢糧册開乾隆十五十六兩年所出節省平色銀兩不敷給發廠内辦事人等辛費透用平色銀六百七十兩九錢五分六厘今既調任本任流滚透用平色銀兩不能移交接管之員續辦而窯廠内又無別項可以抵補呈請在於燒造磁器餘存銀兩内撥補完案一事臣等以事關錢糧該監督燒造磁器所得平色銀兩既不敷用自應早爲聲明料理何得遷延至今始行呈請隨將原册駁回飭令將應行核減之處加意核減毋致冒濫等因屢經駁查去後今據唐英惠色陸續呈報前來僉稱窯廠内畫樣人經管錢糧册檔收發庫貯磁件坯胎煉料以及銷算册籍等項共十一作每作止得一人經理並無濫設所給工食自十兩八兩至三四兩不等均係稱事而給亦無浮多一年共計需銀七百四十餘兩並不動支正項錢糧俱於報出節省銀内給發如本年所出平色用有餘存留爲下年應用倘不敷給發透支次年平色抵補委因遞年燒造磁器正項錢糧動用既少所出平色無多年滚一年職唐英任内積成一千九百七十兩有奇職惠色任内積成六百七十兩有奇之數此項俱係實用實銷難以核減今蒙飭駁職等係内府屬員無徑行奏請之例謹將平色不敷緣由據實聲明懇乞轉奏完案等呈覆前來　臣等查得管理窯務監督唐英惠色呈報乾隆六年至十六年燒造磁器每年所出平色不敷給發廠内辦事人等辛費透用平色銀兩呈請轉奏在於餘存項下撥補一事案查燒造磁器每年動支九江關盈餘銀一萬兩除給發解費養廉及解交

養心殿造辦處餘存銀兩俱係官平官色例無節省外其餘給發物料工價每銀百兩節省平色銀八兩以作廠内雇募管作辦事人等辛力月工之費今查該監督唐英等廠内雇募人役一切辛工等費雖係實用實銷但此項平色銀兩既不敷用理應預爲呈請動項抵補乃該監督唐英既未清理於前惠色又復因循於後輾轉呈請以致十四十六等年分報銷册檔尚未奏銷殊屬遲延除將唐英

惠色呈報到十四十六兩年報銷錢糧册檔派員查核另
行具奏外請將現任監督唐英原任監督惠色交該處照
例查議惟是燒造磁器一應雇募管作辦事人役辛力月
工在所必需册查近年所得平色銀兩較前短少不敷應
用又無別項可以動支所有唐英任内透用過平色銀一
千九百七十兩三錢五分九厘惠色任内透用過平色銀
六百七十兩九錢五分六厘似應准其在於餘存銀兩内
撥補還項嗣後此項平色如果用有餘存即令歸欵解交
倘不敷用亦即令按年聲明一體核銷是否有當伏候
聖訓遵行爲此謹奏請旨
　乾隆二十年六月十六日奉
旨知道了

唐英進貢

內務府員外郎管理九江關務奴才唐英率子編修寅
保恭進
　八仙如意玖枝
　紫檀鑲磁寶座壹尊
　紫檀鑲磁御案壹張
　紫檀鑲磁冠架壹對
　紫檀文椅拾貳張
　紫檀炕几壹對
　紫檀彩漆香几都盛盤壹對
　漢玉駱駝壹件
　白玉提梁酉壹件
　白玉荷葉洗壹件
　洋玉鳩馬暖手壹件
　洋玉蓮瓣筆挕壹件
　青花吉利瓶壹對
　均釉苓芝瓶壹對
　洋彩轉旋瓶壹對
　爐均紙捶瓶壹對
　鎏金茄帶瓶壹對
　大官八卦瓶壹對
　青緑提梁酉壹對
　東青交泰瓶壹對
　五彩太極瓶壹對
乾隆二十年八月初三日唐英進單

内務府查核唐英乾隆十四年分燒造瓷器用度摺

總管内務府等衙門謹奏爲奏

聞事據九江關監督唐英將乾隆十四年分燒造過圓琢磁器件數並用過錢糧細數造具清册五本呈報前來臣等隨派造辦處官員與磁器庫官員逐欵詳加查核去後續據該員等呈稱查得十四年分監督唐英共燒造過圓琢磁器二萬一千九百二十七件内進

呈過上色圓琢磁器六千三百六十六件次色嬌黄圓器二千三百十一件次色變價圓琢磁器九千六百五件破損圓琢磁器三千六百四十五件共用過製價銀四千七百四十九兩六錢二分五釐五毫六絲七忽解運磁器及雜項用過銀一千二百九十三兩八錢五釐以上共用過銀六千四十三兩四錢三分五毫六絲七忽按照從前所定燒造磁器則例逐欵較對均與燒造磁器内破損不過二成次色變價銀兩與原燒造製價虧折不過三成之例相符再查十四年分該監督支領過九江關盈餘銀一萬兩内除燒造磁器動用過銀六千四十三兩四錢三分五毫六絲七忽乾隆六年至十四年唐英給發廠内辦事人等辛費所出平色不敷應用透支應存銀一千九百七十兩三錢五分九釐呈請在於餘存項下撥補等因前經本府

奏明准其撥補還項外實存銀一千九百八十六兩二錢一分四毫三絲三忽又次色變價應得銀一千六十六兩一錢九分應令該監督作速解交造辦處等因具呈前來臣等詳加查核監督唐英燒造磁器所用銀兩既與定例相符准其開銷其次色磁器變價銀兩並前項實存銀兩俱令該監督作速解交造辦處再未報到乾隆十七年至十九年分燒造磁器數目用過錢糧册檔業經嚴行飭催俟呈報到日臣等另行派員查核可也謹此

奏聞

乾隆二十年七月二十四日

唐英進貢

進

内務府員外郎管理九江關務奴才唐英率子編修寅保恭進

六合同春磁瓶壹對

磁轎瓶壹對

磁爐瓶三式壹分

乾隆二十年九月十九日唐英進單

向内務府申報乾隆十八年分照奏准則例燒造瓷器錢糧

管理九江關税仍管窑廠事務内務府員外郎兼佐領唐英爲呈送報銷事切照乾隆十八年分燒造圓琢瓷器所用錢糧遵照檄行一件爲飾照原
奏詳定章程永遠遵行事案内以瓷器圓徑高低折算尺寸其每尺製價查照
奏准則例分别做法詳細核實各項製價造報至製造瓷器應用雜項錢糧遵照議定條款開列本年共造過圓琢坯胎貳萬叁仟零玖拾肆件製價與運費等項共用過銀柒仟壹佰玖拾捌兩壹錢捌分伍厘玖毫陸絲壹忽今將本年瓷務錢糧報銷册貳本錢糧總報册壹本次色變價册壹本次色嬌黄册壹本一併呈送王爺大人俯賜查核
奏銷至次色變價銀兩與原製價虧折不過三成破損件數亦不過二成均與定例相符再拾捌年分燒造錢糧除册報外用存銀貳仟捌佰零壹兩捌錢壹分肆厘零叁絲玖忽又本年應出節省平色銀肆佰玖拾柒兩柒錢貳分叁厘貳共存銀叁仟貳佰玖拾玖兩伍錢叁分柒厘零三絲玖忽謹遵年清年欵定例俟接奉考核
奏銷文檄到日即將前項用存銀兩另文批解養心殿造辦處兑收爲此備由具申伏乞照驗施行須至申者右申
内務府

乾隆二十年十一月初八日

關差期届循例請旨摺

内務府員外郎管理九江關務奴才唐英謹奏爲差期一年將届循例預行請旨事

竊奴才於乾隆十九年十二月初六日欽奉硃批諭
旨接管九江關務自乾隆二十年正月初九日起扣至乾隆丙子年正月初八日一年期滿遵查向例每於届滿之兩三月前預行奏報請皇上點差以便臨期更換今奴才接管乾隆二十年分關務現已第三季除一切徵收遵例辦理外合將届滿日期循例預行奏聞請旨伏乞皇上睿鑒謹奏

硃批仍接管汝陛見印務令汝子署理

乾隆二十年十月初九日

乾隆十九年分九江關税課奏銷摺

内務府員外郎管理九江關務奴才唐英謹奏爲奏銷關税事

竊照九江關徵收正耗盈餘例應按年具摺奏報奴才荷蒙聖恩接管九江關税務計自乾隆十九年二月初九日起連閏扣至二十年正月初八日止一年期滿共徵收過正耗等銀三十七萬五千四百二十八兩二錢零内剔除火耗銀二萬七千六百九十三兩二錢零止就所收正銀三十四萬七千七百三十五兩零與乾隆十八年分所收正銀三十五萬四千二百二十八兩四錢零按照比較則十九年分計少收銀六千四百九十三兩四錢零查係該年首季内以及三尾兩季内過關船隻稍遜於上年所收科税因之減少是以比較致有參差今除正額銀一十七萬二千二百八十一兩三錢零按季解部交收外下有盈餘並火耗銀二十萬零三千一百四十五兩九錢其盈餘銀内照例動支十九年分窑工銀一萬兩俟該年窑工告竣另在窑工案内自行册報内務府核銷仍存盈餘並火耗銀一十九萬三千一百四十六兩九錢零計九江關一年吏役工飯部科飯銀添平解費心紅等項雜費以及解交藩庫充公並奴才一年支用等費皆取給於火耗銀内所有十九年分火耗銀二萬七千六百九十三兩二錢零不敷各項支用遵例於盈餘銀内動支二萬三千九百八十四兩八錢零以爲添補各費之用另造清册送部核銷計净存盈餘銀一十四萬一千四百六十八兩八錢零現同該年尾季額銀一併申請撫臣委員到關分批解部仍照例恭疏具題訖合將乾隆十九年分奴才接管關務一年期内徵收支銷解部各數並比較多寡緣由一併查明具摺奏銷

伏乞皇上睿鑒敕部察核施行謹奏

硃批該部核議具奏

乾隆二十年十一月十五日

唐英進貢

内務府員外郎管理九江關務奴才唐英率子編修寅

保恭進

黄緞繡壽意屏壹對

明黄緞繡迎手靠背壹分

貢緞袍褂拾套

五色絨線拾觔

磁佛叁尊
紫檀如意書案壹對
彩漆套几壹對
洋漆撞盒壹對
彩漆炕桌肆張
乾隆二十年十一月二十一日唐英進單

恭謝天恩晉京陛見摺

內務府員外郎管理九江關務奴才唐英謹奏爲恭
謝天恩事
竊奴才於乾隆二十年十月初九日循例預報該年關務期滿一摺今於本年十一月十九日奉到硃批仍接管汝來陛見印務令汝子署理欽此欽遵奴才隨恭設香案率同兒子寅保望闕叩頭謝恩訖伏念奴才節蒙恩命連任關差茲當二十年分關務屆滿循例預報請旨欽奉硃批既予以連任接管復命以叩謁天顏並將印務令奴才兒子寅保署理隆恩稠疊感激難名且奴才自乾隆十三年叩見天顏已逾七載犬馬戀主之誠無時稍釋茲蒙恩旨來京陛見俾奴才犬馬餘年得覲天顏面請聖訓奴才不勝歡欣感激之至除將印務遵旨令奴才兒子寅保署理奴才即一面起程赴闕外所有奴才父子感激下忱理合繕摺恭謝天恩
伏乞皇上睿鑒謹奏
硃批閱
乾隆二十年十二月初四日

內務府查核唐英乾隆十七年分燒造瓷器用度摺

總管內務府等衙門謹奏爲奏聞事據管理九江關稅仍管窑務監督唐英呈報乾隆十七年分燒造過圓琢磁器件數並用過錢糧細數造具清册五本等因前來臣等隨派造辦處官員會同磁器庫官員令其逐欵詳加查核去後續據該員等呈稱查得乾隆十七年監督唐英燒造磁器支領過九江關盈餘銀一萬兩除給發養廉等項例無節省其辦買物料給發工價節省得平色銀四百五十兩四分共燒造圓琢磁器二萬三千七百件內進呈過上色圓琢磁器七千九十六件次色嬌黃圓器一千六百二十六件次色變價圓琢磁器一萬一千三十三件破損圓琢磁器三千九百四十五件共用過製價銀五千二百七十七兩二錢一分一厘一絲六忽修葺作房等項用過銀

三百四十八兩二錢八分九厘解費養廉等項用過銀九百五十五兩三錢三分二厘五毫雇募管作辦事人等辛費用過銀七百四十二兩以上通共用過銀七千三百二十二兩八錢三分二厘五毫一絲六忽尚應存銀三千一百二十七兩二錢七厘四毫八絲四忽按照從前所定燒造磁器則例逐欵較對均與燒造磁器内破損不過二成次色變價銀兩與原燒造製價虧折不過三成之例相符但雜項内有雇募管作人等辛費銀七百四十二兩係應行節省平色之項今俱按官平給發與例不符所有應得節省銀五十九兩三錢六分並運費内雇募抬夫多用銀一兩均應着落該監督唐英賠補至次色變價應得銀一千二百二十三兩四錢三分六厘並前項應存銀三千一百二十七兩二錢七厘四毫八絲四忽應請交該監督唐英照例解交造辦處等因具呈前來臣等復加查核該監督唐英燒造十七年分磁器所用銀兩既與定例相符應准其開銷其次色變價應得銀一千二百二十三兩四錢三分六厘並前項餘存銀三千一百二十七兩二錢七厘四毫八絲四忽再應行着賠平色銀五十九兩三錢六分雇募抬夫多用銀一兩俱令該監督作速解交造辦處至乾隆十八十九兩年燒造過圓琢磁器用過錢糧細數清册飭交該監督作速呈報俟呈報到日另行查核可也爲此謹具奏聞

乾隆二十年十二月二十日於乾隆二十年十二月二十日交

御前二等侍衛三泰等轉奏

奉　旨知道了欽此

唐英進貢

奉宸苑卿職銜管理九江關務奴才唐英恭進

紫檀鑲磁寶座壹尊

紫檀鑲磁御案壹張

紫檀鑲彩磁炕几成對

紫檀鑲磁波羅漆炕几成對

紫檀鑲磁茶具櫃成對

磁倣海螺壹分

磁螃蟹盒成對

磁文玩陸盤

磁菓牙花盆景肆盆

乾隆二十一年正月二十一日唐英進單

內務府查核

乾隆十八年分燒造瓷器用度摺

總管內務府等衙門謹奏爲奏

聞事據管理九江關稅仍管窑務監督唐英呈報乾隆十八年分燒造過圓琢磁器件數並用過錢糧細數造具清册五本等因前來臣等隨派造辦處官員會同磁器庫官員令其逐款詳加查核去後續據該員等呈稱查得乾隆十八年分監督唐英燒造磁器支領過九江關盈餘銀一萬兩除給發養廉等項例無節省其辦買物料給發工價節省得平色銀四百九十七兩七錢三分三釐共燒造圓琢磁器二萬三千九十四件內

進呈過上色圓琢磁器六千八百二十七件次色嬌黄圓器一千五百四十一件次色圓琢磁器一萬九百件破損圓琢磁器三千八百二十六件共用過製價銀五千一百三十兩五分九釐七毫六絲一忽修葺作房等項用過銀三百四十九兩四錢八分解費養廉等項用過銀九百七十六兩六錢四分六釐二毫僱募管作辦事人等辛費用過銀七百四十二兩以上通共用過銀七千一百九十八兩一錢八分五釐九毫六絲一忽尚應存銀三千二百九十九兩五錢三分七釐三絲九忽按照從前所定燒造磁器則例逐款較對均與燒造磁器内破損不過二成次色變價銀兩與原燒造製價虧折不過三成之例相符但運費内僱募抬夫多用銀一兩不准開銷應令賠補至次色變價應得銀一千一百六十六兩二錢二分並前項應存銀三千二百九十九兩五錢三分七釐三絲九忽應請交該監督唐英照例解交造辦處等因具呈前來　臣等詳加查核該監督唐英燒造十八年分磁器所用銀兩既與定例相符應准其開銷其次色變價應得銀一千一百六十六兩二錢二分並前項餘存銀三千二百九十九兩五錢三分七釐三絲九忽再運費内僱募抬夫多用銀一兩俱令該監督作速解交造辦處至乾隆十九二十兩年燒造過圓琢磁器用過錢糧細數清册飭交該監督作速呈報俟呈報到日另行查核可也爲此謹具奏聞

十三日發報十四日具奏奉旨知道了

乾隆二十一年三月十三日

恭報回九江關任事摺

奉宸苑卿管理九江關務奴才唐英謹奏爲恭報奴才回任日期事

竊奴才於本年正月十九日在圓明園叩謁天顔荷蒙特恩賞給卿銜業經具摺奏謝天恩訖奴才嗣於正月二十七日叩請聖訓二月初一日出京今於三月十三日抵九江原任理合恭摺奏報再奴才荷蒙聖訓着奴才教導兒寅保學習瓷務奴才回關之日當將諭旨傳與寅保寅保不勝歡欣感激奴才現在遵旨教導將一切燒造事宜俾寅保用心學習漸就純熟以盡奴才父子犬馬報主之誠於萬一

合併奏聞謹奏

硃批閲

乾隆二十一年三月十七日

次色瓷器變價銷售不能年清年款摺

奉宸苑卿管理九江關務奴才唐英謹奏爲次色瓷器不能按年銷售變價銀兩不能年清年款奏明恭請聖訓事

竊照江西窑廠燒造瓷器每年選落次色器皿於乾隆七年按照燒造成本估計即在本處變價所得變價銀兩例應按年解送内務府年清年款惟是選落變價器皿名雖次色究係官窑瓷件釉料既高工價亦倍非比民間常用器皿易於銷售奴才前一任管理窑務承辦變價次色自乾隆七年起至十四年調任粤海關止此八年内變價次色器皿不能按年銷售以致變價銀兩不能年清年款遲至乾隆二十一年始將奴才前一任内次色變價銀兩完繳清款訖

所有奴才由粤海關復調九江關自乾隆十七年至今應行變價次色器皿又已積下四五年伏查次色器皿悉係動支錢糧燒造則變價銀兩即與正項錢糧無异今因各器不能按年銷售以致變價銀兩不能年清年款奴才目擊實在情形夙夜實深惴懼又不敢因循坐視遲誤錢糧爲此繕摺奏明恭請皇上教導謹奏

硃批内務府大臣議奏

乾隆二十一年四月二十四日

唐英進貢

奉宸苑卿管理九江關務奴才唐英率子編修寅保

恭進

鑲磁楠木寶座壹尊

鑲磁楠木御案壹張

紫檀書桌成對

磁製金聲玉振貳架
磁器文玩肆對
拾錦摺扇壹百把
鑲磁宮扇拾柄
葛紗壹百疋
膠紗壹百疋
香袋壹百個
香牌壹百個

乾隆二十一年四月二十八日唐英進單

内務府唐英已清結乾隆七年至十四年分變價瓷器十七年分後尚未清結摺

總管内務府謹奏爲請旨事據奉宸苑卿管理九江關税務唐英

奏稱江西窑廠燒造磁器每年選落次色器皿於乾隆七年按照燒造成本估計即在本處變價所得變價銀兩例應按年解送内務府年清年欵惟是選落變價器皿名雖次色究係官窑磁體釉料既高工價亦倍非比民間常用器皿易於銷售奴才前一任管理窑務承辦變價次色自乾隆七年起至十四年調任粤海關止此八年内變價次色器皿不能按年銷售以致變價銀兩不能年清年欵遲至乾隆二十一年始將奴才前一任内次色變價銀兩完繳清欵訖所有奴才由粤海關復調九江關自乾隆十七年至今應行變價次色器皿又已積下四五年伏查次色器皿悉係動支錢糧燒造則變價銀兩即與正項錢糧無异今因各器不能按年銷售以致變價銀兩不能年清年欵奴才目擊實在情形夙夜實深惴懼不敢因循坐視遲悮錢糧爲此繕摺奏明恭請皇上教導等因於乾隆二十一年五月十七日具奏奉

硃批諭旨内務府大臣議奏欽此欽遵　查江西所造磁器關係錢糧原應敬謹製辦以供内用雖火候稍有不齊不免間有選落之物然自乾隆七年已定例按原價減三變賣清欵則此項變價磁器工料既高價值又減自應易於銷售按年清欵乃該監督唐英轉以積累漸多不能銷售爲辭如此種磁器工料價值實高於民間常用之器一時難以售賣自應量爲變通俾辦理不致棘手錢糧易於清結如或因物料不精燒造草率以致不能適用無人承買則又咎在監督應着落賠補以重錢糧今該監督並未將實在情形詳悉聲明臣等礙難懸定請仍交唐英將此項磁器逐一分晰據實聲明具報到日臣等再行核議具奏可也爲此謹奏請旨

乾隆二十一年六月二十一日奉旨知道了

恭繳次色黃器及次色祭器摺

奉宸苑卿管理九江關務奴才唐英謹奏爲恭繳次色黃器事

竊查窑廠燒造瓷器除上色進呈外所有選落之次色於乾隆七年六月内欽奉諭旨嗣後脚貨器皿不必送京即在本處變價欽此欽遵在案嗣經奴才以選落之次色内有黄器並五爪龍等件民間未便使用似宜仍運進京添補副裕等由奏請聖訓於乾隆八年三月欽奉硃批黄器如所請行五爪龍者外邊常有仍照原議行欽此欽遵亦在案今查奴才前一任管理燒造瓷器動用錢糧以乾隆年分爲始於乾隆十一年經内務府奏定則例章程着令永遠遵行計自乾隆七年分起至十四年止節年動支錢糧均各照例奏銷完案應行變價之次色亦已按例估計各年變價銀兩亦經清交養心殿造辦處總收完訖至嬌黃次色自應遵旨恭繳查自乾隆七年分至乾隆十四年次色黄器總共一萬一千七十九件理應分年開造清册照例交廣儲司按册查收

再查乾隆十三年分奉文燒造各種祭器除將上色繳收外所有各種次色祭器一百六十四件謹匯同黃器恭獻

合併陳明謹奏

硃批閱

乾隆二十一年七月初七日

唐英進貢

進

九江關監督唐英差家人吴光賫到請

安摺壹件

貢摺壹件

進

○掐（掐？）絲紫檀如意玖枝

○鑲磁楠木寶座壹尊

○鑲磁楠木御案壹張

○刻絲紫檀炕屏壹座

○刻絲迎手靠背壹分

○鑲磁紫檀小書架成對

○紫檀炕几成對

○磁爐瓶玖分

西碧鰲魚花插壹件
白玉方香盤壹件
玉暖手壹盒
白玉犬鎮壹件
漢玉琴盒壹件
乾隆二十一年七月二十六日唐英進單　原進單
仍發回去

因病仰祈解任摺

奉宸苑卿管理九江關務奴才唐英謹奏爲據實奏
聞仰祈睿鑒事
竊奴才於本年正月二十七日在圓明園叩請聖訓
二月初一日出京三月十三日回九江原任業經奴才具
摺奏報在案
奴才前在廣東得有咽喉疼痛之疾數年來旋發旋
止服藥調治不至爲害本年六月中旬因天氣炎熱喉痛
復發奴才照前服藥猶能勉强辦事至七月初三日忽傷
暑暍以致氣虛病纏半月有餘飲食日減身體軟弱步履
需人蓋緣奴才犬馬年齒七十有五氣血日衰醫藥不能
速效伏念榷務窑工關係重大現在雖有奴才兒子寅保
隨任幫助惟是寅保究係少年諸事閱歷未久奴才自顧
病勢淹纏一時猝難痊愈若不及早奏明設有貽誤則奴
才負罪益深爲此據實奏聞恭請皇上另簡賢員到關接
辦倘奴才仰邀慈庇解任之後或得漸次醫痊即使回京
恭赴内廷另效犬馬之勞以竭報恩之志奴才斷不敢自
圖安逸孤負天恩
伏乞聖慈睿鑒奴才不勝激切待命之至謹奏
硃批已有示了
乾隆二十一年七月二十七日

唐英去世江西巡撫代其子寅保摺

江西巡撫臣胡寶瑔謹奏爲據情代奏事臣接准翰
林院編修寅保呈稱職父唐英荷蒙
皇上天恩簡畀九江關監督歷任多年復命寅保隨任幫
助不料職父於本年五月中染患痰火病症兩月醫藥罔
效今於七月二十九日在署病故伏查乾隆十三年職父
進京陛見所有九江關印務係交九江府知府就近代管
現在關庫錢糧及日徵料税關繫重大未便曠誤謹循例
將九江關印務送交九江府知府董榕就近暫管恭候
皇上另差接管除景德鎮御器廠燒造事務現行令在廠

協造老格加意小心辦理統俟新任監督到日照例另行交代外合將職父病故送交關印緣由呈請代奏等情到臣臣隨即檄行九江府暫行代管嚴密稽查毋許關書人等乘機透漏舞弊謹據情恭摺代奏伏候皇上睿鑒施行爲此謹奏

御批覽

乾隆二十一年八月初二日

内務府查核唐英次色磁器未能變價銷售摺

總管内務府謹奏爲請旨事乾隆二十一年五月内據原任奉宸苑卿管理九江關税務唐英具奏選落次色磁器不能按年銷售以致變價銀兩不能年清年欵恭請聖訓一摺前經臣衙門議奏内稱江西所造磁器關係錢糧原應敬謹製辦以供内用雖火候稍有不齊不免間有選落之物然自乾隆七年已定例按原價減三變賣清欵則此項磁器工料又高價值又減自應易於銷售按年清欵乃該監督唐英轉以積累漸多不能銷售爲辭如此種磁器工料價值實高於民間常用之器一時難以售賣自應量爲變通俾辦理不致棘手錢糧易於清結如或物料不精燒造草率以致不能適用無人承買則又咎在監督應着落賠補以重錢糧今該監督並未將實在情形詳悉聲明臣等礙難懸定請仍交唐英將此項磁器逐一分晰據實聲明具報到日再行核議等因具奏奉旨知道了欽此欽遵隨飭交該監督詳查去後續據該監督唐英以此種器皿雖係次色究屬官窑工料實高於民間常用之器惟憑有力之家置買零星銷售又須經年始能足額批解遲延之由實因輾轉需時恐違年清年欵之例故請寬限並無物料不精燒造草率等情聲覆前來復據唐英之子寅保呈稱伊父唐英任内乾隆十七年至二十一年共計五年變價之案内除十七十八年分變價銀兩已如額批解造辦處兑收其十九年至二十一等年變價銀兩呈懇寬限交納等因前來　查唐英任内選落次色磁器變價銀兩未能年清年欵前據奏請展限臣等恐其有燒造不精等情難於變售是以奏請飭交該監督將實在情形聲明到日再議續據唐英聲覆實因售變需時並無别故又據伊子寅保呈請給限代完等情臣等酌議唐英名下自乾隆十七年至二十一年此五年磁器變價銀兩除十七十八二年價銀已據解交造辦處兑收無庸置議外其十九至二十一等此三年分應行變解銀兩應請給限二年令唐英之子寅保照數售變解交造辦處以清帑項至嗣後選落磁器變價銀兩現任監督務須遵照定

例熟籌妥辦年清年欵不得藉端延滯致錢糧有積累不清之弊恭候命下飭行該監督遵照可也爲此謹奏請旨

乾隆二十一年十二月初十日

於乾隆二十一年十二月初十日交奏事御前二等侍衛三泰轉奏奉旨依議

附未見原件奏摺一件

奉發燒造釉里紅瓷器奏摺

竊奴才在京時十月二十五日太監胡世杰奉釉里紅挂瓶一件畫樣一張傳旨：看明瓷器釉色照紙樣花紋燒造幾件送來務要花紋清真並將古瓷樣式好者揀選幾種亦燒造釉里紅顔色俱寫乾隆年款送來呈覽欽遵奴才看明釉色只領紙樣恭捧到關即遵旨揀選古瓷畫樣内好者數種一併發交窑廠協造葆廣等敬謹燒造並諭俱造釉里紅顔色務要花紋清真釉水肥潤顔色鮮明俟造得時奴才揀選送京恭呈御覽……（乾隆四年）

（注：此件奏摺，從《景德鎮陶瓷》一九八二年二期所刊傅振倫、甄勵二氏《唐英瓷務年譜長篇》一文録出）

《清宮內務府造辦處檔案總彙》中之唐英

雍正元年至十三年

雍正元年

二月

初六日怡親王交硝子石小碟一件瑪瑙劍靶二件玉尺一件奉旨硝子石小碟玉尺畫樣其瑪瑙劍靶掏空欽此（玉作）

本日怡親王諭硝子石小碟玉尺交唐英畫樣遵此隨俱畫樣呈怡親王看過將原交硝子石小碟一件玉尺一件郎中保德俱交太監吳書持去交總管太監張起麟收訖

十三日怡親王交定磁小瓶一件（隨烏木座）嘉窑小扁磁合一件白玉小水注一件官窑花瓶一件竹節式磁壺一件（隨紫檀木座）定磁爐一件（隨紫檀木蓋座）白玉菱花式支壺一件王諭俱交唐英照樣畫樣遵此（玉作）

於本月十六日定磁小瓶等共七件照樣畫樣完唐英呈怡親王看准將此定磁小瓶一件嘉窑小扁磁合一件白玉小水注一件官窑花瓶一件竹節式磁壺一件定磁爐一件白玉菱花式執壺一件怡親王俱呈進訖

十三日怡親王交龍油珀葡萄式小盤一件王諭着唐英照樣畫樣遵此（鑲嵌作）

於十六日照樣畫樣完怡親王呈進訖

十四日怡親王交假官窑磁瓶一件玉壺一件漢玉水丞一件（隨匙一件紫檀木座）王諭交唐英畫樣遵此（玉作）

於本日假官窑磁瓶照樣畫樣完唐英呈怡親王看准隨將假官窑磁瓶一件玉壺一件水盛一件紫檀木座俱呈進訖

三月

十一日怡親王交宜子孫白玉快一件夔龍玉扇器二件螭虎卧蠶玉扇器一件夔龍套環玉扇器二件夔鳳玉扇器一件雙鳩玉扇器一件王諭交法瑯處唐英遵此（玉作）

於三月十四日將玉快玉扇器七件俱畫樣完怡親王呈訖

十八日怡親王交巴令七件王諭酌量做遵此（雜活作）

於十二月二十九日做得銅胎燒法瑯嵌玻璃火焰珊瑚青金蜜臘座巴令七件怡親王呈覽奉旨交中正殿欽此本日唐英默爾森額送至中正殿交旃壇寺掌印大喇嘛吐關呼圖克吐鋪排達默安壽訖

五月

初二日怡親王交白玉夔鳳雙合香合一件（隨碧玉圈二件紅瑪瑙球一件）王諭交唐英畫樣遵此（玉作）

於初十日原交玉夔鳳香合一件碧玉圈二件畫樣完怡親王呈進訖

十一月
二十九日唐英送來漢玉杠頭一件(係王慎德進)
奉怡親王諭收着有用處用遵此(玉作)
於十三年十一月初八日將漢玉杠頭交太監毛團進呈訖

雍正二年

雍正三年

二月
二十二日怡親王諭着造金胎燒法瑯自在觀音菩
薩一尊銅胎燒法瑯善才龍女二尊遵此(法瑯作)
於五年閏三月初八日做得金胎燒法瑯自在觀音菩薩一尊
銅胎燒法瑯善才龍女二尊郎中海望員外郎沈崳唐英呈怡
親王看奉王諭觀音菩薩面貌微覺不歡喜身上衣褶亦染得
不妥爾等酌量改燒其善才龍女燒銅胎的不好另用象牙
遵此
於乾隆元年二月初四日將金胎法瑯觀音菩薩一尊隨象牙
善才龍女七品官太監薩木哈交太監毛團呈進訖
十一月
初二日據圓明園來帖内稱郎中保德來說九洲清
宴上仙樓的樓梯北邊貼的美人畫一副奉旨畫的款式
甚好爾仍着唐英畫美人其衣紋照先畫的衣紋一樣畫
欽此(表作附畫作)
於四年正月十二日畫得美人絹畫一張郎中保德呈進訖

雍正四年

正月
初四日唐英奉怡親王諭着再做巴令七個爾先做
合牌樣我看俟看准再做遵此(法瑯作)
於本月十三日做得合牌樣一個唐英呈怡親王看王諭准做
但其中大小花朵不要銀瑯内白色的用銀母燑渠做黄色的
或蜜蠟或象牙泡黄青色的或用青金石或青玻璃做緑色的
用孔雀石做紫色的用紫英石做紅色的或珊瑚做或用魚枕
骨或象牙茜紅是火焰照樣做周圍邊欄做直墻子鈎細花紋
中心壤嵌五彩玻璃配做銅燒古(骨?)鈎花圓盤一件架
子用紫檀木做其紫檀木板上壤嵌緑葉用金葉襯録(緑)
或象牙泡緑配合着做其人物仙女象馬等件仍用象牙做其
七寶八寶與各樣零碎物件或累絲或臺撒爾等酌量配合
謹此
於十二月二十六日做得壤嵌巴令一分法瑯巴令一分員外
郎海望呈進奉旨着擺在佛堂内欽此於本日隨交太監焦進
朝供在佛堂内訖
十一月
初一日郎中海望持出四色法瑯四塊(重一百十六

兩）奉旨着配法瑯用欽此（法瑯作）

於本日交員外郎唐英持去訖

十二月

十二日掌儀司送來禮部來文一張隨木香爐一件咨稱議政大臣等議准奏明奉旨福陵昭陵供法瑯香爐二座交養心殿造辦處誠造俟造成時着內務府派官二員送至關東着本處該管大臣官員等同看安供等語（法瑯作）

於五年八月十四日做得福陵昭陵掐絲法瑯香爐二座郎中海望呈啓怡親王看奉王諭照此爐樣將畫法瑯香爐再做二座遵此

於十二月十二日做得畫法瑯香爐二座員外郎沈崳唐英持去呈內務府總管永福李延禧尚志順看過隨派得員外郎隆昇主事佛保往福陵昭陵去訖

於六年二月十六日員外郎隆昇來説福陵昭陵二處留下掐絲法瑯香爐二座俱已安供其畫法瑯香爐二座未用相應交回等語

於三月十三日郎中海望啓怡親王奉王諭知道了遵此

二十一日首領太監程國用來説太監王太平劉希文傳旨着將嵌法瑯片項圈手鐲做幾分欽此（法瑯作）

……

於六年二月十九日做得嵌法瑯片金累絲項圈二分隨錦合員外郎沈崳唐英交首領李久明薩木哈持去交總管太監陳福李英蘇培盛收訖

於二月二十五日做得嵌法瑯片金累絲手鐲三副隨錦匣員外郎沈崳唐英交首領李久明太監王玉持去交總管太監王朝卿收訖

……

雍正五年

正月

二十一日郎中海望奉怡親王諭我府內有威遠將軍鐵砲一位爾要來將尺寸做法記明照樣造十位再查廢砲內有此樣砲無有富寧安説過有子母砲架樣子爾向他問明何樣做法與造辦處所做砲架樣子同否爾做一砲架樣並砲樣俟我回來時看（砲鎗作）

於六年……正月……於二十二日郎中海望代領西寧百總朱國傑將稱准砲鎗持赴福圓門啓怡親王奉王諭將岳鍾琪進的子母砲一位交鎗一杆着員外郎唐英代領催總蘇合領催孫福等並京內新造大些子母砲一位小些子母砲一位再新造交鎗俱帶至圓明園造辦處來明日會同百總朱國傑持赴蘆溝橋去比試放

……

於二十二日將試放砲鎗等次遠近數目摺片一件郎中海望員外郎唐英啓怡親王看王諭將試放砲鎗摺子留下俟得空

再看爾等將岳鍾琪進的砲鎗着百總送在我的花園去遵此

……

於二月初一日郎中海望員外郎唐英等將試放新造藥膛子母砲一位大子母砲十位小子母砲二十位將試放靶子圖樣三十張啓怡親王看奉王諭將此藥膛砲一位爾等精細畫樣酌量配合鑲嵌寶石留爲鎮庫隨侍之用其餘大小子母砲之十位内挑選頭等的鋄金龍金字安號數字樣次等鋄銀龍銀字安號數字樣遵此

於三月初三日畫得鋄金龍嵌珊瑚青金松石藥膛砲木樣一件鋄金龍金字安號數子母砲木樣一件鋄銀龍銀字安號數子母砲木樣一件員外郎唐英代領催總孫福啓親王看隨啓稱挑選得頭等大子母砲六位小子母砲十位共十六位鋄金龍金字次等大子母砲四位小子母砲十位共十四位鋄銀龍銀字以上砲共三十一位俱照木樣三件上畫的龍樣字樣鋄金銀奉王諭好照樣准鋄遵此

……

於九年三月十一日栢唐阿六達子鋄得金龍子母砲十六位銀子母砲十四位並鑲嵌寶石子母砲一位交員外郎馬爾漢訖

十二月初一日怡親王奏稱爲造鳥鎗子母砲等事今通料估得八旗鐵匠並外傭鐵匠成造一年可得鳥鎗一萬杆子母砲一百位等語具奏奉旨照數准做再給烏拉地方做鳥鎗二千杆欽此

於本月初五日爲造子母砲一百位每位長五尺二寸二分每位隨子兒五個長七寸長三尺鳥鎗一萬二千杆料估摺一件派官員人監造摺一件郎中海望啓怡親王看奉王諭子母砲准做其鳥鎗改做長二尺七寸司庫三音保同催總馬爾泰栢唐阿默爾壽額領催福六一處監造員外郎唐英同催總蘇合領催孫福並子母砲一處監造每月每處得鳥鎗四百杆十個月共得一萬二千杆遵此

七月

二十二日首領太監程國用來説大監劉希文傳旨將法瑯簪做幾對欽此（法瑯作）

……

於六年二月十九日做得金胎法瑯簪四對錦匣盛員外郎沈崳唐英着首領太監李久明薩木哈持去交總管太監蘇培盛陳福李英收訖

十二月

初二日郎中海望奉怡親王諭看得造辦處各作匠役所造活計其實不好而管作官員人等俱不精心看視或行走懈弛以致活計粗糙遲誤殊屬不合嗣後着員外郎唐英同首領太監李久明薩木哈等不時稽察如各作監造官員栢唐阿及匠役頭目人等内有懶惰空班者即行指明回知從重責罰再有奉旨傳做活計内有可以回我知道之處俱開寫明白或三四日一次務須回我知道遵此（記事録）

雍正六年

正月

初四日郎中海望將造辦處當差栢唐阿匠意人內因抱養過繼革退爲民栢唐阿觀音保牙匠李懋得鐵匠王老兒小刀匠徐達子花兒匠五達子油匠戴有德銅匠七十兒王九鏨匠李成龍吴登雲嘎胡里磨匠信住銼匠王四兒哈兒扣魏花子匣子匠達子鏨花匠張三甲匠六狗兒擰槍膛匠狄七兒鈎槍匠李進仁磨槍砲匠吕山皮匠劉五兒彈子匠定柱法瑯匠石六等共二十四人花名開寫摺子啓稱此革退匠藝內有牙匠李懋德在造辦處當差年久人亦老實現今在活計房催察各作所做活計鈔録檔案一年有餘人甚殷勤再花兒匠五達子油匠戴有德鏨匠李成龍甲匠六狗兒等手藝甚好人亦殷勤等語啓怡親王奉王諭將李懋德及應留匠役外再挑選出幾名或如何召募伊等之處並伊等原食錢糧數目查明擬定應給銀兩數目用造辦處銀兩召募十數人亦可遵此(雜録)

於初九日將應召募匠藝牙匠李懋德油匠戴有德鏨匠李成龍匣匠達子甲匠六狗兒鐵匠王老兒小刀匠徐達子銅匠七十兒王九磨匠信住銼匠王四兒鏨花匠張三花兒匠石達子以上召募匠藝十三名寫得啓摺一件郎中海望員外郎沈崳唐英啓稱今擬定伊等每月所食錢糧銀一兩再月米折銀一兩每月每人共給銀二兩用造辦處銀兩發給等語啓怡親王奉王諭准行遵此

初六日郎中海望員外郎沈崳唐英傳做備用三陽開泰盆景一件記此(入牙作)

十一日郎中海望爲五年所造子母砲三十位俱已造成欲將此砲在鶯蟄以前派官員試放其應用鉛子仍照前用本處鉛鑄做等語啓怡親王奉王諭時着唐英馬爾漢同去試放遵此(入雜録)

十二日郎中海望啓稱爲造辦處成造活計行取錢糧等事關係甚重奴才若往圓明園去時京内造辦處惟有沈崳一人畫押辦事祈再派官一員幫着沈崳畫押等語啓怡親王奉王諭着員外郎唐英畫押辦事遵此(入雜録)

十三日郎中海望員外郎沈崳唐英傳做福壽齊眉盆景一件記此(入花兒作)

十三日太監王太平傳旨照先做過的玻璃面鑲嵌銀母花梨木桌再做二張其高矮寬窄大小尺寸俱照舊桌一樣做桌面不必鑲嵌做黑漆面的一張紅漆面的一

張欽此（木作）

於本月十四日員外郎唐英代木匠盧玉量得長二尺三寸七分寬一尺零四分通高一尺一寸邊寬九分厚九分腿子捲頭一寸零半分高八分見方九分於八月初八日做得黑退光漆面鑲嵌銀母西蕃蓮花邊花梨木桌一張海望呈進奉旨再照此桌樣做幾張欽此

本日郎中海望員外郎沈崳唐英定得先做二張記此

……

十九日員外郎沈崳唐英傳做畫太陽圖一張記此（入畫作）

二十一日員外郎沈崳唐英傳做年例香袋一千二百二十個記此（入雜活）

二十二日栢唐阿宋七格等奉怡親王諭着試燒煉法瑯料遵此（雜録）

於本日員外郎沈崳唐英説此係怡親王着試燒法瑯料所用錢糧物料另記一檔以待試煉完時再行啓明入檔記此本日遂交栢唐阿宋七格訖

二十四日員外郎唐英傳做黄布乞單（長八尺寬五幅）四個（長七尺寬四幅）四個（見方六幅）二個蓋槍砲用記此（入皮作）

三十日員外郎沈崳唐英傳做賞用五十歲玻璃眼鏡十副六十歲玻璃眼鏡十副七十歲玻璃眼鏡十副記此（入雜活作）

三十日郎中海望員外郎沈崳唐英傳做備用壽意法瑯爐一對香合一對匙箸瓶一對記此（入法瑯作）

二月

初一日爲正月三十日郎中海望員外郎沈崳唐英做法瑯鼻烟壺五對記此（入法瑯作）

初二日太監焦進朝傳旨照先做過的紫降香牌龕再做一件欽此（木作）

於三月二十七日做得紫降香牌龕一件浄高一尺六寸寬八寸五分入深四寸員外郎唐英着太監王玉持去交太監焦進朝訖

初三日爲正月十三日員外郎沈崳唐英傳做備用象牙茜色竹節式合一對葫蘆式合一對録（緑）色石福壽硯一方記此（入牙作）

初三日員外郎沈崳唐英傳做壽意署文房一件記此（入雜活作）

初四日員外郎沈崳唐英傳做備用各色吉言象牙小合四件記此（入牙作）

初四日郎中海望員外郎沈崳唐英傳做備用群仙

祝壽雙如意一件記此（入牙作）

初四日郎中海望員外郎沈崳唐英傳做備用壽意象牙合符一件記此（入牙作）

初四日郎中海望員外郎沈崳唐英傳做壽意新漆手卷式筆筒一件記此（入漆作）

初五日郎中海望員外郎沈崳唐英傳做壽意綉紅緞火燵包一件記此（入雜活作）

初五日爲初四日郎中海望員外郎沈崳唐英傳作備用鑲嵌吉慶眉壽鼻烟壺二件

鑲嵌紫檀木事事如意筆筒一件内隨手卷一卷記此（入鑲嵌作）

初六日郎中海望員外郎沈崳唐英傳做年例紫金錠十二料蟬酥錠八十料離宫錠二百料蠶水錠十二料避暑香珠十五料記此（入雜活作）

初六日郎中海望員外郎沈崳唐英傳做壽意（雙圓）火燵包一件記此（入雜活作）

初九日郎中海望員外郎沈崳唐英傳做備用法瑯馬掛瓶一件記此（入法瑯作）

十三日郎中海望員外郎沈崳唐英傳照雍正四年十月初九日奉旨做的黑地彩漆桌十三張於五年九月二十八日用過九張今再補做九張俱隨綉緞桌幃記此（入漆作）

十四日郎中海望員外郎沈崳唐英傳做備用壽意瑪瑙佛手式水盛一件記此（入玉作）

十五日郎中海望員外郎沈崳唐英傳做備用壽山石雙喜螭虎筆架一件記此（入牙作）

十七日郎中海望員外郎沈崳唐英傳做盛毀票用杉木匣高三寸五分長一尺三寸寬一尺記此（入木作）

十八日郎中海望員外郎沈崳唐英傳做備用杉木盤二件記此（入木作）

十九日郎中海望員外郎沈崳唐英傳做備用金胎法瑯簪八對記此（入法瑯作）

二十一日郎中海望員外郎沈崳唐英傳做壽意喜壽雙連吊屏一件（高三尺六寸寬二尺）記此（入木作）

二十二日郎中海望員外郎沈崳唐英傳做福壽雙圓盆景一件記此（入花兒作）

二十二日郎中海望員外郎沈崳唐英傳做靈椿獻壽瓶花一束藝蘭祝壽瓶花一束記此(入花兒作)

二十三日員外郎沈崳唐英傳做備用吹筒彈子五百個彈弓彈子一千個記此(入弓作)

三月

初三日員外郎沈崳唐英奉怡親王諭着將作假紅寶石素珊瑚起花珊瑚帽頂每樣做二十個遵此(入玉作)

初五日員外郎沈崳唐英傳做備用石青緞綉流雲緝珠五福捧壽荷包二對記此(入皮作)

初八日員外郎沈崳唐英傳着照五年六月十五日催總劉三九持來佛龕紙樣補做紫檀木佛龕二座記此(入木作)

十一日郎中海望員外郎沈崳唐英傳做備用壽同山岳盆景一件記此(入鑲嵌作)

十一日郎中海望員外郎沈崳唐英傳做備用鑲嵌福兕(按原字不太清楚似『兕』乃俗『兒』字作『兕』是否對望懂鼻烟壺者定之)鼻烟壺二件鑲嵌五毒鼻烟壺二件記此(入鑲嵌作)

十一日員外郎沈崳唐英啓稱雍正五年三月二十七日據武英殿送來擺玻璃鏡的錫片共一百三十五塊長六尺八寸寬三尺六寸七十五塊長五尺五寸寬三尺五寸六十塊現今本造辦處庫房尚未修造完欲將此項錫片仍暫存武英殿内等語奉怡親王語准行遵此(入庫檔)

十三日員外郎沈崳唐英傳做賞用玻璃眼鏡三十歲四十歲五十歲六十歲七十歲每樣做五副記此(入雜活)

十四日員外郎沈崳唐英傳做年例大黄扇器三百六十個記此(入雕鑾作)

十四日員外郎沈崳唐英傳做備用象牙天中五瑞花囊一件記此(入牙作)

十四日員外郎沈崳唐英傳做備用象牙福壽玲瓏雙層筆筒一件記此(入牙作)

十四日員外郎沈崳唐英傳做象牙雙福雙壽合一對記此(入牙作)

十五日員外郎沈崳唐英傳做年例盛端陽節錠子藥匣一百四十八個記此(入匣作)

十六日領催聞二黑來説員外郎沈崳唐英傳養心

殿東暖閣羊皮帳幔上安鐵條處木螺螄板墻腿壞了今做鐵護眼一塊鐵釘六個記此（入鋄作）

十六日爲二月初郎中海望員外郎沈崳唐英傳做紫檀木集錦書格一件面寬一尺八寸入深九寸高一尺四寸記此（入木作）

十六日爲本月十一日郎中海望員外郎沈崳唐英傳做漆痰盂二十件記此（入漆作）

十六日爲本月初四日郎中海望員外郎沈崳唐英傳黑漆洋金棋盤面香几一分見方一尺七寸高九寸記此（入漆作）

十九日員外郎沈崳唐英傳做備用福壽雙圓帽架一分記此（入雜活作）

十九日員外郎沈崳唐英傳做備用數珠上鵝黄辮子十分記此（入玉作）

二十日員外郎沈崳唐英傳做綉黄宫紬火煙包十件綉紅宫紬火煙包拾件記此（入雜活作）

二十一日催總張自成來説二月十九日郎中海望員外郎沈崳唐英傳做備用端陽節用群仙祝壽花籃春盛一分記此（入法瑯作）

二十六日員外郎沈崳唐英傳做壽意雙如意一件記此（入牙作）

二十八日員外郎沈崳唐英傳做備用壽意象牙紅福合一對扇器一對吉言簪子一對記此（入牙作）

三十日郎中海望員外郎沈崳唐英傳做二馬車上用的黄猩猩氈頂幃一分狼皮褥子一個惟恐蟲哇（蛀）着做石青㐌單包裹收貯記此（入皮作）

三十日郎中海望員外郎沈崳唐英傳做象牙腰圓合二對記此（入鏇作）

四月

初四日爲三月二十八日員外郎沈崳唐英傳做備用壽意五福同壽合一對記此（入銅作）

初五日員外郎沈崳唐英傳做年例盛錠子藥頭號匣十個二號匣三十個三號匣十個記此（入匣作）

初五日員外郎沈崳唐英傳做欽安殿用的香斗二十分記此（入雕鑾作）

初五日員外郎沈崳唐英傳做備用壽意法瑯油合一對記此（入法瑯作）

十五日員外郎沈崳唐英傳做年例包錠子藥捧合黄布㐌單十四個每個見方五幅記此(入皮作)

十六日郎中海望員外郎沈崳唐英傳做壽意合錦戴花十匣記此(入花兒作)

二十一日員外郎唐英傳做備用盛活計杉木油盤十個糊黄紙盤二十個記此(入木作)

二十二日員外郎唐英傳做備用蓋活計黄杭細㐌單(三幅半的五個二幅的五個一幅半的五個一幅的五個)記此(入皮作)

二十四日員外郎唐英傳做備用柳木牙籤二千根記此(入木作)

二十六日員外郎唐英傳做五瑞圖瓶花一束記此(入花兒作)

三十日員外郎唐英傳做紫檀木獨梃象牙支棍帽架六分記此(入雜活作)

五月

初七日員外郎沈崳唐英傳做備用壽意象牙扇器二件記此(入牙作)

初九日員外郎沈崳唐英傳做法瑯手巾結子十個記此(入法瑯作)

十六日員外郎沈崳唐英傳做備用紅羊皮捲包火鐮包十個罩蓋火鐮包二十個記此(入雜活作)

十六日員外郎沈崳唐英傳做備用賞用玻璃眼鏡十六副記此(入雜活作)

十八日員外郎沈崳唐英傳做年例玉八寶十分記此(入玉作)

十八日員外郎沈崳唐英傳做年例手靶羊角燈二對手靶荷葉燈四十枝手靶荷花燈四十枝記此(入雕鑾作)

二十二日員外郎沈崳唐英傳做備用假松石雙圓盆四個記此(入雜活作)

二十四日員外郎沈崳唐英傳做備用黄細絛子十丈記此(入皮作)

二十八日員外郎沈崳唐英傳做年例備用金八寶一百六十件金錢六十個銀八寶二百四十個銀錢八十個記此(入法瑯作)

六月

初一日員外郎沈崳唐英傳做備用天燈樓子二分記此（入鋑作）

十一日員外郎沈崳唐英傳做備用法瑯翎管一百個記此（入法瑯作）

十二日員外郎沈崳唐英傳做銅爐燒古砌磚古格子一座記此（入爐作）

二十日員外郎沈崳唐英傳做備用金胎法瑯簪十三對記此（入法瑯作）

三十日員外郎沈崳唐英傳做壽意紫檀木花籃一對記此（入雕鑾作）

七月

初六日員外郎沈崳唐英傳做備用黃細絲子十丈記此（入皮作）

十一日郎中海望員外郎沈崳唐英等同議得各作所用買辦材料每月派官一員栢唐阿一名掌值月小圓戳子一個價符長方戳子一個再本庫管發錢糧處亦給庫查小長方戳子一個凡各作買辦之物除總查活計房用過題頭相符戳子外其尺寸斤秤價值着值月官員栢唐阿安定准價值檔案查算明白將應買物料價值等字上用值月小圓戳子一個再將知帖送給庫上着司庫人員按庫價查對相符後將查對司庫名字開寫用庫查價符小長方戳子嗣後各記查對之事自有專屬日後倘有錯誤亦不致互相推賴爾等按貲（此）次序查對辦理以便畫押各作所需買辦庶不致舛錯遺誤之弊等語本日司庫福森滿毗來（按『雜録』項内作『傅参滿毗來』）説庫查價符戳子我等公同查用其名字不必寫上若日後查出錯誤之處我等情願公同承認記此（入雜録）（按『雜録』或曰『記事録』）

十一日員外郎唐英啓稱怡親王爲郎士寧徒弟林翰楷身有勞病已遞過呈子數次求祈回廣調養俟病好時再來京當差今病漸至沉重不能行走當差等語奉王諭着他回去罷遵此（入雜録）

十二日據圓明園來帖内稱本月初十日怡親王交西洋法瑯料月白色白色黃色綠色深亮綠色淺藍色松黃色淺亮綠色黑色以上共九樣所煉法瑯料月白色白色黃色淺綠色亮青色藍色松綠色亮綠色黑色以上共九樣新增法瑯料軟白色秋香色淡松黃綠色藕荷色淺綠色醬色深葡萄色青銅色松黃色以上共九樣

郎中海望奉怡親王諭將此料收在造辦處做樣俟燒玻璃時照此樣着宋七格到玻璃廠每樣燒三百斤用

再燒法瑯片時背後俱落記號聞得西洋人説燒法瑯調色用多爾那們油爾着人到武英殿露房去查如有倸畫上用小法瑯片時用此油造辦處收到的料内月白色松黄色有多少數目爾等查明回我知道給年希堯燒磁器用遵此（雜録）

於七月十四日查得武英殿露房舊存收貯多爾那們油十六斤十兩二錢西洋國來使支德羅進的多爾那們油四半瓶連瓶淨重十二斤四兩從蔣家房抄來的多爾那們油一瓶連瓶淨重一斤四兩共重三十斤二兩二錢於七月十七日寫摺啓知怡親王奉王諭着拿一小瓶來試看遵此

十八日員外郎沈嵛唐英傳做備用白端石小花盆三件記此（入牙作）

二十六日員外郎沈嵛唐英傳做月光像三分（隨木架）着照舊例糊裱記此（入表作）

二十七日員外郎沈嵛唐英傳做中秋節用通草戴花二十匣娃娃十匣合錦戴花十匣記此（入花兒作）

二十七日郎中海望員外郎沈嵛唐英傳做備用緑端石硯坯大小十方記此（入硯作）

二十九日員外郎沈嵛唐英傳做杉木箱六個盛裝檔子房元年至六年檔案知帖記此（入木作）

八月

初二日員外郎沈嵛唐英傳做備用年節用一兩重銀錁一百個五錢重銀錁二百個三錢重銀錁三百三十個二錢重銀錁五百個一錢重銀錁一千個記此（入法瑯作）

初五日郎中海望員外郎沈嵛唐英傳做重陽節用通草戴花二十匣合錦戴花十匣記此（入花兒作）

初六日郎中海望員外郎沈嵛唐英傳做備用黄杭細乞單見方二幅六塊見方三幅六塊（入皮作）

初七日内管領穆森交來雨過天青玻璃盆一件金珀色玻璃盆一件説郎中海望員外郎沈嵛唐英傳着將此盆二件配作通草盆景記此（入花兒作）

初七日郎中海望員外郎沈嵛唐英傳做備用銅鍍金掐鞔春皮靶穿山甲癢癢撓六件記此（入弓作）

初七日郎中海望員外郎沈嵛唐英傳做法瑯鼻烟壺二對法瑯烟袋一枝附荷苞筒子一分記此（入法瑯作）

初七日郎中海望員外郎沈嵛唐英傳做象牙合符背擱一件象牙合一對記此（入牙作）

初七日郎中海望員外郎沈崳唐英傳做鑲嵌鼻烟壺一對鑲嵌紫檀木合一對鑲嵌金累絲簪一對記此（入鑲嵌作）

初九日郎中海望員外郎沈崳唐英傳畫年例月光像三幅記此（入畫作）

十一月

二十六日六品官阿蘭泰來説爲慈寧宮畫畫人等懶滑惰事啓怡親王奉王諭着沈崳照唐英例每日稽查伊等如有不來者即行啓我知道遵此（入記事録）

雍正七年

二月

十九日怡親王交有釉水磁器四百六十件（係年希堯燒造）郎中海望奉王諭着收着遵此

於本日將磁器四百六十件交栢唐阿宋七格訖

於七年八月十四日燒造得畫法瑯磁碗三對畫法瑯磁碟二對畫法瑯酒圓四對郎中海望呈進訖

於七年九月初六日燒造得畫法瑯碗二對畫法瑯磁盤一對畫法瑯碟二對畫法瑯茶圓二對郎中海望呈進訖

於七年十二月二十八日燒造得畫法瑯碗四對畫法瑯盤二對畫法瑯碟二對畫法瑯瓶二對郎中海望呈進訖

於八年四月二十九日燒造得畫法瑯盤五對畫法瑯碗六對畫法瑯茶圓三對酒圓四對郎中海望呈進訖

於八年六月初九日燒造得畫法瑯碟一對茶圓一對碗二對郎中海望呈進訖

於九年四月二十九日燒造得畫法瑯碗四對盤六對碟四對内務府總管海望呈進訖

於九年八月十四日燒造得畫法瑯碗六對茶圓三對酒圓三對盤二對碟五對司庫常保首領薩木哈交太監劉倉州呈進訖

於九年九月初七日燒造得畫法瑯碗五對盤三對碟四對司庫常保首領薩木哈呈進訖

於九年十月二十八日燒造得畫法瑯碗四對茶圓二對酒圓二對碟四對瓶一對盤三對司庫常保首領薩木哈李久明呈進訖

於九年十二月二十八日燒造得畫法瑯碗六對盤三對茶圓二對酒圓二對碟三對瓶二對司庫常保首領薩木哈李久明呈進訖

於十年四月二十九日燒造得畫法瑯碗五對盤三對碟一對茶圓三對酒圓五對内大臣海望代領司庫常保呈進訖

於十年五月十五日燒造得畫法瑯碗十七件首領薩木哈交太監劉倉州呈進訖

於十年五月二十九日燒造得畫法瑯碗一對碟三對首領薩木哈交太監劉倉州呈進訖

於十年閏五月初八日燒造得畫法瑯碗二對盤二對茶圓一

對碟一對首領薩木哈交太監劉倉州呈進訖
於十年閏五月二十三日燒造得畫法瑯碗四對酒圓五對首領薩木哈交太監劉倉州呈進訖
於十年六月十一日燒造得畫法瑯碗一對碟二對茶圓一對盤一對首領薩木哈交太監劉倉州呈進訖
於十年七月十九日燒造得畫法瑯碟二對碗二對盤一對茶圓一對酒圓一對首領薩木哈交太監劉倉州呈進訖
於十年八月初八日燒造得畫法瑯碗一對茶圓一對酒圓一對碟一對司庫常保首領薩木哈李久明呈進訖
於十年八月十二日燒造得畫法瑯碟二對碗一對司庫常保首領薩木哈呈進訖
於十年八月十四日燒造得畫法瑯碗四對碟一對盤一對茶圓二對酒圓二對司庫常保首領薩木哈呈進訖
於十年九月初八日燒造得畫法瑯碗二對盤一對碟三對茶圓二對酒圓二對司庫常保首領薩木哈交太監劉倉州呈進訖
於十年十月二十八日燒造得畫法瑯碗八對盤六對茶圓一對酒圓二對瓶一對司庫常保首領薩木哈呈進訖
於十年十一月二十七日燒造得畫法瑯碟一對茶圓一對酒圓一對司庫常保首領薩木哈呈進訖
於十年十二月二十八日燒造得畫法瑯碗六對盤四對酒圓四對茶圓三件司庫常保首領薩木哈呈進訖
於十三年十月二十日燒造得畫法瑯碗大小六對盤一對碟三對酒圓五對司庫常保交太監毛團呈進訖（入法瑯作）

三月

二十日郎中海望持出白定窑磁小瓶一件奉旨此瓶大些的小些的或官釉或别樣釉水照此樣交怡親王着年希堯做些欽此（記事録）

於本月二十二日將定窑磁小瓶一件海望呈怡親王收下

二十日郎中海望持出白地青龍嘉窑碗一件奉旨着查裡邊磁器内如有此樣碗即不必多燒造如若無將此碗交怡親王着年希堯照此款式燒造些來其花樣不甚好着另改花樣碗底不必做腆心欽此（記事録）

於本月二十二日將白地青龍嘉窑碗一件郎中海望呈怡親王收下

四月

初二日太監劉希文交來大官窑瓶一件傳旨着作木樣交年希堯照樣燒造幾件欽此（記事録）

於本月十四日鏇得木樣一件郎中海望交年希堯家人鄭旺持去訖於本月十六日郎中海望將原樣瓶一件交太監劉希文收訖

十一日郎中海望持出葫蘆式磁壺一件奉旨將此壺交年希堯照其款式仿燒造幾件其釉水如不能十分像些須淺深亦可將原壺上添一蓋再着燒磁器人認看此壺是新磁是舊磁俟磁器得時一並奏聞欽此（記事録）

於四月十四日將此壺交年希堯家人鄭旺持去訖

十一日郎中海望持出洋磁小圓合一件奉旨着照此合釉水燒造幾件其合蓋上的花紋不甚好着他另改畫花樣欽此(記事録)

於四月十四日將磁合一件交年希堯家人鄭旺持去訖

十一日郎中海望持出青花白地小圓罐一件奉旨着照樣燒造幾件再別款式小器皿每樣燒造幾件配百事件用不必多燒造欽此(記事録)

於四月十四日隨交年希堯家人鄭旺持去訖

十四日郎中海望持出古銅花囊一件奉旨照樣鏇木樣將天盤口硬楞做軟些面上開三孔做樣呈覽再做欽此(記事録)

於四月二十日做得木樣一件郎中海望呈覽奉旨此邊口再放圓些膽開大些交年希堯各樣釉水燒造幾件比此樣大些的亦燒造幾件欽此

於本月二十五日將古銅花囊一件交年希堯家人鄭旺持去訖

十七日據圓明園來帖内稱本月初八日將三足圓形法瑯洗燒做幾件要直墻三足平底白法瑯裡黑法瑯外墻周圍畫花卉再傳給年希堯亦照此樣式口徑三寸至八寸的每樣燒造幾件俱用白釉裡外面釉水花樣任其酌量配合爾做樣呈覽再交燒造欽此(法瑯作)

於四月十一日做得合牌直墻三足平底圓形洗樣一件郎中海望呈覽奉旨照樣燒造欽此

於十四日將圓形洗樣一件交年希堯家人鄭旺持去訖

二十七日郎中海望奉旨爾將各樣款式水盛或腰圓形半壁形鷄缸形或扁圓形酌量做木樣幾件不必呈覽交年希堯或黄釉或霽紅或托胎或冬青釉務要精細每樣燒造幾件欽此(記事録)

於五月十九日做得腰圓形木樣一件半壁形木樣一件鷄缸形水丞木樣一件扁圓形有缺口水丞木樣一件交年希堯家人鄭旺持去訖

三十日郎中海望持出成窑寶燒紅龍白地碗一件成窑紅龍白地酒圓一件奉旨將此二件交年希堯照樣燒造欽此(記事録)

於五月十五日將成窑原樣磁器碗酒圓二件交年希堯家人鄭旺持去訖

五月

初五日據圓明園來帖内稱本月初四日呈進活計内有黑退光漆暗花罩蓋合並匣洋金花合等件奉旨此腰圓式漆金合做得甚是粗糙口亦不嚴畫的都不好嗣後再做時往精里做欽此(入記事録)

十三日據圓明園來帖内稱四月十六日太監劉希

文王太平交來成窑五彩磁罐一件無蓋傳旨着做木樣呈覽欽此

於四月二十日做得畫五彩木樣一件郎中海望呈覽奉旨將此罐交年希堯添一蓋照此樣燒造幾件原樣花紋不甚好可説與年希堯往精細裡改畫欽此

於四月二十五日將成窑五彩磁罐一件並木樣一件郎中海望交年希堯家人鄭旺持去訖

六月

二十八日據圓明園來帖内稱本月二十七日太監張玉柱王常貴交來燒法瑯牡丹玉蘭花卉破白磁瓶一件（隨紫檀木座）傳旨將此瓶交年希堯照樣燒造幾件送來其法瑯花卉着造辦處照樣燒造得時送進仍補在原陳設處欽此（入法瑯作）

於十月初六日年希堯家人鄭旺送來白磁瓶三十件内有破的九件並原樣一件交栢唐阿鄧八格持去訖

閏七月

十六日圓明園來帖内稱郎中海望持出均窑雙管瓜楞瓶一件奉旨着將鰍耳乳耳三元爐木樣鏇作幾件並此瓶俱交年希堯照此瓶上釉水燒造些來欽此（記事録）

於本月三十日鏇得鰍耳爐木樣一件乳爐大小木樣二件三元爐木樣一件鉢盂爐木樣一件郎中海望呈覽奉旨此木樣俱不合式再做好式樣鰍耳爐乳爐做木樣呈覽欽此

於九月初二日做得鰍耳爐木樣一件乳爐木樣一件郎中海望呈覽奉旨乳爐口做矮些耳子再收拾鰍耳爐耳子亦收拾欽此於九月二十一日做得木樣二件交年希堯家人鄭旺持去訖

八月

初七日據圓明園來帖内稱閏七月三十日郎中海望持出菊花瓣式宜興壺一件奉旨做木樣交給年希堯照此款式仿均窑將霽紅霽青釉色燒造欽此（記事録）

於八月初五日將原樣宜興壺一件交年希堯家人鄭旺持去訖

初七日據圓明園來帖内稱閏七月三十日郎中海望持出素宜興壺一件奉旨此壺靶子大些嘴子亦小着做木樣改准交給年希堯燒造欽此（記事録）

於八月初五日將宜興壺一件郎中海望交年希堯家人鄭旺持去訖

十七日據圓明園來帖内稱本月十四日郎中海望持出碎霽紅磁盤邊五塊奉旨此釉水甚厚新燒的甚薄不知是何原故爾將此破磁發給年希堯去着伊照此破磁釉水燒造欽此（記事録）

於本月二十日將霽紅磁盤邊五塊郎中海望交年希堯家人鄭旺持去訖

十一月

二十九日内務府總管年希堯家人鄭旺送來新燒

各色磁器一百八十六件上交做樣磁器十一件本日海望持進一百八十二件並作樣磁器十一件擺在養心殿暖閣内訖

造辦處庫存四件（記事録）

雍正八年

二月

十九日據圓明園來帖内稱本月十五日郎中海望奉旨或黄色或松石色乳爐做幾件鰍耳爐不用安耳亦做幾件爾將爐樣欵式鏇樣呈覽青金緑苗石如有大些的可以做得爐的將乳爐亦做一件欽此

於二十八日據圓明園來帖内稱二月二十四日做得鰍耳爐木樣一件乳爐木樣一件郎中海望呈覽奉旨乳爐做時耳子做窄些鰍耳爐做時做半圓耳玻璃燒造幾件再將此木樣二件發給年希堯均窑釉燒造些不獨照此一樣尺寸或大些或小些亦可欽此

於十月十八日將年希堯燒造來的倣均窑磁爐大小十二件内務府總管海望呈覽奉旨此爐燒造得甚好傳與年希堯照此樣再多燒造幾件欽此

於本日内務府總管海望交年希堯家人鄭旺持去訖

八月

十一日太監張玉桂傳旨年希堯進的點翠盆景五分内有一盆好的其餘俗氣些再做盆景樹身子不必用銅挺子做翠樹身子再做點翠竹挺子點翠的竹葉子像紫竹林款式再做點翠的竹子做散散的盆景再做斑竹挺上用點翠葉子的盆景欽此（記事録）

十月

二十六日據圓明園來帖内稱本月十八日内務府總管海望持内務府總管年希堯燒造來的仿均窑磁爐大小十二件呈覽奉旨此爐燒造的甚好傳與年希堯照此樣再多燒造幾件欽此（記事録）

於本日内務府總管海望將此旨意交内務府總管年希堯家人鄭旺訖

二十六日據圓明園來貼内稱本月十八日總管海望持出仿均窑磁乳爐二件奉旨着配座隨在宮内新蓋板房陳設欽此（入木作）

二十六日據圓明園來貼内稱本月十八日内務府總管海望持出仿均窑磁乳爐二件仿均窑磁鰍耳爐一件奉旨着配座在圓明園陳設欽此（入木作）

二十六日據圓明園來貼内稱本月十八日内務府總管海望持出仿均窑鰍耳爐一件奉旨着配座賞大學士孫柱欽此（入木作）

三十日内務府總管海望奉旨爾照年希堯進的波羅漆桌様將大案炕桌琹桌様畫様呈覽交年希堯漆作些來再將賞用磁瓶様亦畫様呈覽交年希堯燒造些來欽此（記事録）

於十二月初十日内務府總管海望畫得交内務府總管年希堯成造波羅漆大案様二張炕桌様二張琹桌様二張磁瓶大様五張小様七張呈覽奉旨案几雙層書格式様其餘桌様准做磁瓶不必着色另畫幾張不必着色的交年希堯燒造些花様磁釉不必太細做賞用欽此

於十二月十一日將畫得漆桌様五張磁瓶様九張内務府總管海望交内務府總管年希堯家人鄭天錫領去訖

雍正九年

四月

十七日内務府總管海望持出白磁碗一對奉旨將碗上多半面畫緑竹少半面着戴臨撰字言詩誦題寫地章或本色或合配緑竹淡紅或何色酌量配合燒法瑯欽此（入法瑯作）

十七日内務總管海望持出白磁碗一件傳　着將此碗畫梅花或本色或紅色地章燒法瑯記此（入法瑯作）

十九日内務府總管海望奉上諭着將有釉無釉白磁器上畫久安長治蘆雁等花様燒法瑯欽此（入法瑯作）

二十七日栢唐阿鄧八格來説内務府總管海望傳□着在圓明園造辦處做備用磁器上燒法瑯各色器皿等件記此（入記事録）

二十七日據圓明園來帖内稱本月二十五日栢唐阿馬維祺爲燒法瑯活計立窑用高二尺八寸寬二尺五寸木桌六張高五尺寬三尺立櫃一件板凳六條水缸二口長七尺寬六尺鐵頂火一分回過内務府總管海望着内務府造辦處庫内無用木頭做給記此（入記事録）

雍正十年

二月

二十二日内大臣海望奉上諭可將霽紅霽青黄色白色高足靶碗每様燒造些厚些的亦燒造些以備賞蒙古王用欽此

本日内務府總管年希堯家人鄭天錫抄去訖

七月

初七日據圓明園來帖内稱本日宫殿監副侍李英

交出白地紅花茶圓一件傳旨茶圓款式花様俱好着燒造磁器處照樣燒造些送來再將翡翠色黄色的亦燒造些欽此（記事録）

於初九日將白地紅花茶圓一件並上諭一道司庫常保交内務府總管年希堯家人鄭天錫領去訖

初十日據圓明園來帖内稱本日司庫常保持出五彩花磁果托一件説宫殿監副侍李英傳旨着傳與年希堯照樣將填白釉果托燒造些送來令造辦處將黄色地畫法瑯燒造些欽此（記事録）

於八月十四日將原五彩花磁果托一件司庫常保持去交宫殿監副侍李英收訖

八月

初六日據圓明園來帖内稱本日司庫首領薩木哈來説太監滄洲傳旨着將二十四日交出白地畫紅龍大玉壺春瓶一件照樣鏇木様交與年希堯燒填白釉幾件欽此（記事録）

本日交内務府總管年希堯家人鄭天錫抄去訖

十五日據圓明園來帖内稱本日司庫常保首領薩木哈持來黄地暗龍茶圓一件説宫殿監副侍李英傳旨照此茶圓的樣式交年希堯將填白釉的燒些來底不必落款欽此（記事録）

於八月十七日將黄地暗龍茶圓一件並上諭一道司庫常保交内務府總管年希堯家人鄭天錫持去訖

九月

初二日據圓明園來帖内稱本日司庫常保首領薩木哈奏稱雍和宫取來脱胎小酒圓甚好欲向年希堯要些來燒造等語奏聞奉旨爾等寄信與年希堯將脱胎小酒圓茶圓小碟着燒造些不要款欽此（記事録）

於本月初十日交内務府總管年希堯家人鄭天錫抄去訖

十三日據圓明園來帖内稱本日司庫常保首領薩穆哈奉上諭着寄信與年希堯將霽青均窑汝窑小花盆水連燒造些來先做木様呈覽朕看准時再發去燒造再照玻璃菊花盤樣將玻璃盆做幾件（記事録）

於十一月二十七日做得小花盆木樣二件（隨水連）司庫常保首領李久明薩穆哈呈覽奉旨照樣准燒欽此本日將木様二件（隨水連）並上諭一道司庫常保交内務府總管年希堯家人鄭天錫領去訖

十月

二十八日司庫常保首領李久明薩木哈奉上諭裡邊有一面畫花卉一面寫字磁壺款式甚好爾等可降旨與乾清宫總管要求鏇做木様呈覽看准時交年希堯照樣將填白釉磁壺燒造些送來以備燒法瑯用欽此（記事録）

本日乾清宫宫殿監督領侍蘇培盛副侍陳福劉玉

李英交着向圓明園内總管查有一面畫花卉一面寫字的磁壺類此樣有幾樣俱交造辦處人持來俟看樣完時仍送回等因於本月二十九日員外郎滿毗三音保差栢唐阿富拉他赴圓明園去向園内總管李德取來一面寫黑色行書字一面畫玉堂春富貴花卉磁壺大小三把内一把靶上有驚紋係大清雍正年製一面寫藍色篆書楷書字一面畫松竹梅花磁壺一把無款員外郎滿毗三音保傳旨照樣每樣做一木樣記此（記事録）

於十一月二十七日照取來磁壺做得木樣四件司庫常保首領薩穆哈李久明呈覽奉旨照樣燒造磁器欽此

本日將木樣四件司庫常保交内務府總管年希堯家人鄭天錫持去訖隨將磁壺四把着栢唐阿富拉他仍交總管太監李德收訖

十月

十一日司庫常保首領薩木哈來説太監滄洲交宜興壺四件（外畫洋金花紋）傳旨此壺畫的款式蠢些收小些做好樣呈覽欽此

於十一月二十七日做得木樣四件並原宜興壺四件司庫常保首領薩穆哈李久明呈覽奉旨改做的樣好准燒造磁器宜興壺着留下欽此（記事録）

本日將木樣四件並上諭二道員外郎滿毗三音保交内務府總管年希堯家人鄭天錫領去訖

穎按以上爲分作按月記載檔中記事録一檔對此事記載但造辦處按月各作綜合流水檔記載與此略有不同在條目項内有『入××作』字樣此爲『入記事録』字樣今録於下以志不同。

十一月

……

二十七日照十一月十一日交出宜興壺樣改做得木樣四件司庫常保首領李久明薩木哈呈覽奉旨改做的好照樣准燒造磁器欽此（入記事録）

原注此筆應結於十一月十一日原傳一處

二十七日照十月二十八日一面寫字一面畫畫磁壺樣做得木樣四件司庫常保首領李久明薩木哈呈覽照樣准燒磁器欽此（入記事録）

（原注此筆應歸於十月二十八日原傳一處）

二十七日做得小花盆木樣二件（隨水連）司庫常保首領李久明薩木哈呈覽奉旨照樣准燒造磁器欽此（入記事録）

（原注此筆應歸於九月十三日原傳一處）

十二月

二十八日做得年節活計司庫常保首領李久明薩木哈呈進奉旨嗣後造辦處呈進活計内如有朕夸好的爾等即降旨與内大臣海望着賞欽此（記事録）

雍正十一年

正月

二十一日司庫常保首領太監薩木哈持來宜興鉢一件奉旨照此樣式將黃地法瑯鉢做一件鉢身周圍中間寫梵字畫吉祥草蓋頂中間亦寫梵字湊圓周圍亦畫吉祥草其梵字着問喇嘛寫再照樣將呆青呆黃呆金黃玻璃鉢做幾件再照樣另尋宜興鉢一件交與燒造磁器處做樣將均窑官窑霽青霽紅鉢各燒造些送來其均窑色要緊俱先做樣呈覽准時再做（入法瑯作）

二十一日司庫常保首領太監薩木哈奉旨着照宜興鉢樣式另尋宜興鉢一件交與燒造磁器處做樣將均窑官窑霽青霽紅鉢各燒造些送來其均窑的要緊欽此（記事録）

於十二月二十三日内務府總管年希堯家人鄭天錫送來均釉磁鉢十一件官窑磁鉢七件霽青磁鉢十一件霽紅磁鉢七件呈内大臣海望看過隨傳着將鉢各配做銅鍍金匙錦囊布套乞單象牙筋漆靶棕刷記此於十二月二十七日做得銅鍍金匙錦囊四分每分各計銅鍍金匙一件錦囊一件石青布套一件藍高麗布乞單大小三塊象牙筋一雙係雙節做法洋漆棕刷一件均釉磁鉢一件官窑磁鉢一件霽青磁鉢一件霽紅磁鉢一件司庫常保首領太監薩木哈呈覽奉旨交與滄洲欽此

六月

十五日據圓明園來帖内稱司庫常保首領太監薩木哈來説宫殿監副侍李英傳旨着燒造磁器處嗣後寶月瓶不必燒造欽此（記事録）

於本月十八日司庫常保交内務府總管年希堯家人鄭天錫抄去訖

九月

十一月據圓明園來帖内稱宫殿監副侍李英交青花白地六瓣等款式碗四件茶圓二件酒圓二件仿哥窑六瓣等款式茶圓二件傳旨着海望傳與燒磁器處嗣後此等款式磁器不必燒造欽此（記事録）

本日將青花白地六瓣等款式碗四件茶圓二件酒圓三件仿哥窑六瓣等款式茶圓二件司庫常保交江西燒造磁器處内務府總管年希堯家人鄭天錫領去訖

十二月

十二日茶房筆帖式常寧送來散秩大臣伯茶飯房總管馬哈達等清文咨稱本飯房茶房奏稱飯房茶房黃磁碗黃磁鐘現不足用飯房欲添二等黃磁碗三十件三等黃磁碗二十件黃磁鐘三十件茶房欲添黃磁鐘二十件共添一百件請交海望行與該處燒造等語繕寫摺片於雍正十一年（十二月）十二日交太監王常貴等轉奏

奉旨交該處取用欽此相應移咨前去等因記此（記事録）

於本月十三日茶房筆帖式金大鵬送來黄磁碗様二件黄磁鐘様一件呈内大臣海望看過着將黄磁碗鐘様交内務府總管年希堯家人鄭天錫轉發江西燒造磁器處照様燒造一百件限一百日内送來記此

本日將黄磁碗二件黄磁鐘一件司庫佛保等交内務府總管年希堯家人鄭天錫領去訖

二十七日内務府總管年希堯家人鄭天錫送來洋紅磁五供一分（計五件）五彩磁五供一分（計五件）司庫常保首領太監薩木哈呈覽奉旨磁爐内配做爐膽蠟阡配做接油磁瓶内配作瓶花其花或用翎管或象牙俱可欽此（法瑯作）

於十二年八月十四日將磁五供二分分配做得象牙茜色荷花四束法瑯接油二對司庫常保首領太監薩木哈呈進奉旨蠟阡子盤做小了再做大些欽此於九月二十七日改做得蠟盤象牙瓶花爐膽五供二分司庫常保首領太監薩木哈呈進訖

二十七日内務府總管年希堯家人鄭天錫送來各色磁花盆十二様司庫常保首領太監薩木哈呈覽奉旨送往圓明園交與園内總管太監有應陳設處陳設欽此（記事録）

於本月二十八日將各色磁花盆十二様栢唐阿拴柱帶領内務府總管年希堯家人鄭天錫送至圓明園交總管太監李德等收訖

各式菊花式磁盤十二色（内每色一件）司庫常保首領太監薩木哈呈覽奉旨着交與燒造磁器處照此様每色燒造四十件欽此（記事録）

本日隨交内務府總管年希堯家人鄭天錫持去燒造訖

雍正十二年

雍正十三年

二（或三）月

二十八日宮殿監督領侍蘇培盛宮殿監副侍陳福李英傳旨有年希堯進到脚貨磁器九萬五千餘件着交庫收貯再圓明園有罇瓶等様磁器七十件亦着交庫收貯欽此圓明園總管交出罐瓶七十件本日交與司庫八格收去

七月

十九日郎中蘇合訥司庫常保交霽紅高足茶圓木様一件傳旨着交年希堯照木様燒造一百三十件送來欽此（記事録）

本日將木様一件交年希堯家人鄭天錫持去訖

乾隆元年至二十二年

乾隆元年

五月

初二日太監毛團胡世傑傳旨着海望寄信與員外郎唐英另將燒造法瑯之白磁燒造些送來欽此（記事録）

十二月

二十五日司庫劉山久來説太監毛團胡世傑交黄地五彩西番（蓮）花五寸盤木樣一件黄地五彩西番蓮花六寸盤木樣一件黄五彩西番蓮花湯碗木樣一件黄地五彩西番蓮花花大碗木樣一件傳旨將盤二件交海保照樣做托紗漆盤五百件胎子做厚些再將碗樣二件交唐英照樣各燒造五百件胎子亦燒造厚些欽此（記事録）

乾隆二年（江西燒造磁器處）

正月十九日首領魏福來説
宫殿監正侍謝成李英交
各樣瓷碗盤碟共五十九樣（每樣上貼黄簽字樣數目共四萬七千一百二十件）傳
旨着交與唐英照數目樣式燒造欽此

於本年五月初一日將唐英送到各式磁器等件俱呈進訖

四月（江西燒瓷器處）

十四日首領吴書來説太監毛團□（交）
青花白地磁碗一件傳
旨着做木樣呈覽俟准時交江西燒磁器處將填白釉燒造些脱胎釉亦燒造些欽此
於本月二十日做得
填白釉木樣一件首領吴書交太監毛團胡世傑高玉呈
覽奉
旨照樣燒造填白釉不必脱胎欽此

於本月二十日首領吴書將交出青花白地磁碗一件交太監毛團收訖

五月（江西燒瓷器處）

十一日首領吴書來説太監毛團胡世傑傳
旨着將瓶樣畫些呈覽准時交於唐英將填白瓶燒造些來欽此
於本月十三日畫得
膽瓶紙樣一張
雙環蒜頭瓶紙樣一張
玉環天然口紙錘瓶紙樣一張
花觚瓶紙樣一張

天盤口梅瓶紙樣一張
雙鳳耳罇紙樣一張
玉環紙錘瓶紙樣一張
小膽瓶紙樣一張
天盤口紙錘瓶紙樣一張首領吳書持進交太監毛
團胡世傑高玉呈
覽奉
旨准照樣發去燒造欽此
於本年十二月二十二日照畫樣燒造得
填白膽瓶四件
填白雙環蒜頭瓶五件
填白玉環天然紙錘瓶三件
填白雙鳳耳罇瓶四件
填白天盤口梅瓶三件
填白小膽瓶二件
填白二環紙錘瓶三件
填白天盤口紙錘瓶四件
每樣持進一件七品首領薩木哈交太監毛團胡世
傑高玉呈
覽奉
旨着將直口膽瓶着唐英嗣後不必燒造再嗣後燒造此
八樣填白釉瓶時着唐英令窑上人隨意畫各樣畫樣
燒造些隨填白瓶一同送來欽此
二十一日首領吳書來説太監高玉傳
旨着照紅玻璃雙管瓶畫瓶樣一張放大些雙管瓶樣一
張交與唐英將填白磁雙管瓶燒造些送來欽此
於本月二十二日畫得
雙管瓶紙樣二張首領吳書交太監毛團高玉呈
覽奉
旨准照樣將填白雙管瓶燒造些來欽此
於本年八月初十日將唐英送到磁瓶等件俱呈
進訖

十月(江西燒瓷器處)

十三日司庫劉山久七品首領薩木哈催總白世秀
來説太監毛團胡世傑高玉交
霽紅靶碗一件
汝釉杏元四方雙管瓶一件
青花白地龍鳳合一件
嬌黄釉宮碗一件
大觀釉收小一號花瓶一件
嬌金黄釉茶碗一件
宣窑青龍海水梅瓶一件
嘉窑雙管六方瓶一件
黄地緑龍葵瓣四寸碟一件

洋彩黃地洋花宮碗一件傳

旨以後燒造瓶罐碗盤鐘碟等物俱照此霽紅靶碗釉水勉力燒造洋彩黃地洋花宮碗甚好再燒造些青花白地龍鳳小合照樣燒造些再洋彩黃地洋花宮碗上花樣將小合亦燒造些大觀(釉)放小一號花瓶嘴子甚粗再燒造時收細些再燒造青龍海水梅瓶時其青花白地不必改青龍改燒釉裡紅龍黃地緑龍葵瓣四寸碟上龍髮緑釉水不清楚碟外畫行龍再唐英所進瓷器内汝釉四方雙喜罇哥窑錦帶瓶汝釉四方雙耳太平罇汝釉收小天禄罇汝釉雙喜紙錘瓶東青釉雙喜紙錘瓶汝釉收小扁方雙耳瓶東青釉絡子罇廠官釉收小雙耳鼓釘花囊均釉拱如意花瓶龍泉釉紙錘瓶此十一樣款式不好不必燒造窑上若另有舊樣仍照新樣燒造盤碗鐘碟俱用篆字款要周正再東青釉拱花大漢罇嘉窑青穿枝蓮八寶雙環大罇嘉窑青龍穿枝蓮天球罇此三樣罇照洋彩黃地洋花宮碗上花樣燒造些再將小些寶月瓶馬掛瓶各樣釉水花樣燒造再青花白地大瓶燒造得正好其嘉窑六方雙管瓶口改做直汝釉四方雙管瓶照此樣式燒造青花白地嬌黃釉宮碗釉水淡了嗣後照□□釉茶碗釉水燒造來再所進元器内留下十三樣其餘送赴圓明園交園内總管佽朕駕幸圓明園時選看等次欽此

於本月十六日司庫劉山久七品首領薩木哈來説太監毛團胡世傑高玉交

篆字款紙樣一張傳

旨以後燒造罇瓶罐盤鐘碗碟磁器等俱照此篆字款式輕重成造欽此

二十二日司庫劉山久七品首領薩木哈來説太監毛團胡世傑高玉傳旨着將唐英燒造送來填白釉瓶燒法瑯趕年節務要全完欽此(法瑯作)

於本年十二月二十二日首領吴書將燒造得祝仙捧壽膽瓶一對交太監毛團呈

進訖

十一月(江西燒瓷器處)

二十八日太監高玉持來

黄磁宮碗一件傳

旨着唐英照此樣式大小照先進過洋彩宮碗花樣燒造些欽此

於本年十二月二十八日將唐英燒造得送到洋彩宮碗呈

進訖

十二月

二十四日七品首領薩木哈將唐英呈進絹畫鑲萬福流雲邊屏風一座並黑漆畫金案寶座磁燈等件交奏事太監王常貴呈

覽奏
旨着將屏風寶座漆案送圓明園交園内總管太監再四
季花磁燈二對亦送圓明園掛欽此(記事録)
本月二十五日栢唐阿方六十將屏風寶座漆案並磁燈等件
送赴圓明園交總管訖

乾隆三年

四月(江西)

十八日司庫劉山久催總司世秀來説太監胡世
傑交
宣窑青花八吉祥高足壷一件傳
旨着交唐英照此壷款式花様多做幾件得幾件並原様
先送來欽此

五月(江西)

初六日司庫劉山催總白世秀來説太監高玉交
汝釉花觚一件
均窑雙喜花瓶一件
廠官釉葫蘆馬卦瓶一件
均窑紙搥瓶一件
廠官釉六孔瓶一件
冬青磁小花插一件
月白釉六孔瓶一件
萱花靶蓮五寸盤一件
大觀釉五缶花插一件
龍泉釉糖鑼洗一件傳
旨着將龍泉釉糖鑼洗交與唐英照此釉水燒造另改花
様萱花靶蓮五寸盤將盤心内花様放大些花紋俱各
畫細致些照様燒造其餘八様照様燒造顔色不俱
欽此
初六日司庫劉山久催總白世秀來説太監高玉交
龍泉釉罐二件　青花白地罐二件
青花白地萱花罐一件傳
旨着交唐英俱配磁蓋欽此
初六日司庫劉山久催總白世秀來説太監高玉交
五彩蓋罐一件
汝釉五寸盤一件
青花白地慶玲靶碗一件
萱花四寸小碟一件
均窑天鷄耳花瓶一件
裡五福外松鶴茶鐘一件
五彩馬卦瓶一件
白裡霽紅茶鐘一件

五彩小蓋罐一件
白裡霽紅蓮子酒鐘一件
爐均釉乳爐大小二件
白裡霽青蓮子酒鐘一件
五彩蟠桃匕盤一件傳
旨着交與唐英照樣燒造欽此
初十日催總白世秀來說太監胡世傑交
磁胎法瑯小玉壺春一件傳
旨着照此瓶大小尺寸改款式多畫樣幾件呈覽准時再
燒造磁器欽此
於本月十五日司庫劉山久七品首領薩木哈催總
白世秀將畫得
各款式瓶子二十八件紙樣一張
各款式水盛筆洗蓋罐等樣二十三件紙樣一張交
太監毛團胡世傑高玉呈
覽奉
旨挑選得十一件瓶樣着燒造填白釉水其餘不准燒選
再水盛筆洗蓋罐等件亦酌量燒造花樣釉水欽此
於乾隆四年十一月十八日七品首領薩木哈催總
白世秀將唐英照交去畫樣十一張內燒造得
白釉雙耳瓶七件
白釉長嘴瓶十二件
白釉雙管瓶十四件
白釉葫蘆瓶八件
白釉蒜頭瓶二十二件
白釉觀音瓶十二件
白釉長元瓶四件
白釉三級瓶十二件
白釉膽瓶二十一件
並遵
旨酌量釉水燒造水盛筆架筆洗蓋罐等件今燒造得
魚子紋汝釉雙耳太平水盛四件
魚子紋汝釉吉利水盛十件
均釉半璧水盛四件
白泥汝釉蓮花水盂二件
東青釉蓮花水盂四件
觀釉鼓釘小糖鑼洗十件
魚子紋汝釉雙耳有蓋花插八件
宣窑青花雙環三足小筆洗八件
官窑撇口三足小筆洗四件
東青釉菱花六合水盛七件
觀釉磬口太平水盛十件
龍泉釉拱夔螭寶珠口水盂十件

觀釉元式收口水盛八件
哥窑元式收口水盛一件
哥窑撇口合歡水盂八件
白裡霽青撇口筆掭四件
龍泉釉拱花撇口筆掭二件
魚子紋汝釉菊瓣口水盂六件
魚子紋汝釉筆洗六件
哥窑六方水盛二件
汝窑六方水盛二件
哥窑長方水盛一件
汝窑長方水盛一件
黄地洋彩洋花飛春蓋罐一件
大觀釉長方水盛六件
東青釉六方水盛二件
東青釉長方水盛二件
大觀釉六方水盛五件
於本日持進交八品官高玉太監毛團胡世傑呈
覽奉
旨將填白釉水瓶俱燒法瑯洋彩洋花方罐留用其餘着
送往圓明園交園内總管侯大運新磁器到時一同挑
選等次欽此
於本日將

填白瓶共一百十二件水盛筆洗等共一百三十八件栢唐阿
六十送赴圓明園訖
於本日催總鄧八格將
填白瓶共一百十二件領去燒造法瑯用訖
六月(江西)
二十五日七品首領薩木哈催總白世秀來説太監
高玉交
宣窑青花有耳蓋碗一件(不要耳)
五彩暗八仙撓碗一件(五彩的收小些亦照樣燒
造)
五彩過墻花五寸碟一件(收小些照樣燒造)
宣窑八吉祥撓碗一件(收小些照樣燒造)
青花白地直口觀音瓶一件(照此樣脖子放粗些嘴
要撇口)
宣窑青香草燈臺一件(有益照樣燒好裡改花樣)
大官釉高四足茶壺一件(四足再放高些)
洋彩百禄雙耳罇一件(去耳)
嘉窑青雲龍大盤一件
五彩洋花八寶大盤一件
宣窑黄地青花大盤一件
宣窑黄地緑花紫八寶大盤一件
宣窑紅龍青雲海水大盤一件

宣窑大盤一件
宣窑串花青龍大盤一件
黄地青花串蓮盤一件
五彩雲龍七寸盤一件
五彩過墻福壽七寸盤一件
宣窑青蓉桂七寸盤一件
霽紅五寸碟一件
宣窑青靈杵八寶高足五寸碟一件
宋釉拱花五寸碟一件
汝釉五寸碟一件
汝釉四寸碟一件
宣窑青花四寸碟一件
嘉窑八卦高足五寸碟一件
宣窑青地把蓮五寸碟一件
宣窑青靈杵八寶三寸碟一件
礬紅夔螭三寸碟一件
洋黄三寸碟一件
洋黄裡外收小三寸碟一件
白定癸瓣暗花小碟一件
宣窑青花八寶靶盤一件
汝窑靶盤一件
冬青拱花靶盤一件

五彩洋花靶盤一件
霽紅靶盤一件
霽青靶碗一件
冬青拱花大碗一件
冬青拱花磬口大碗一件
宣窑八吉祥大碗一件
成窑青花八吉祥靶碗一件
成窑紅福青海水平足碗一件
成窑青八寶小靶鐘一件
嘉窑青菊壽大碗一件
宣窑福禄湯碗一件
宣窑青花黄地高足撓碗一件
五彩蓉桂宫碗一件
洋彩過墻花茶碗一件
五彩並蓮茶碗一件
五彩八仙茶鐘一件
冬青合歡宫碗一件
洋彩過墻花茶碗一件
洋彩八寶茶盅一件
宣窑青花礬紅八吉祥茶盅一件
宣窑青花三果茶碗一件
宣窑青花蓮子茶盅一件

奇釉癸瓣茶碗一件
哥釉八方茶碗一件
宣窑青花高足小碟一件
宣窑青花梵書慶鈴小靶鐘一件
宣窑青花蓮子酒鐘一件
嘉窑青龍酒鐘一件
礬紅龍酒鐘一件
洋彩礬紅洋花磬口酒鐘一件
洋彩礬紅洋花撇口酒鐘一件
宣窑青花梵書慶鈴靶鐘一件
成窑青雲鶴八卦湯碗一件
大觀釉撇口大碗一件
宣窑青靶蓮小碟一件
汝窑三寸碟一件
宣窑青八仙茶碗一件
宣窑青花四喜瓶一件
均釉紙鎚瓶一件
汝釉韮戟花觚一件
宣窑青花白地蒜頭瓶一件
大官釉收小雙環天禄罇一件
宣窑收小青花雙環七絃罇一件
廠官釉四方雙管杏元瓶一件

白定蓮座瓶一件
爐均釉雙管花瓶一件
哥釉收小八方雙筒瓶一件
哥釉四喜瓶一件
宣窑青花雙管觀瓶一件
廠官釉收小雙環七絃罇一件
汝釉九宮梅瓶一件
龍泉釉收小拱花天禄罇一件
廠官釉太極紙鎚瓶一件
哥釉太極紙鎚瓶一件
宣窑青花白地蒜頭罇一件
大官釉六方罇一件
宣窑放大雙管大漢罇一件
哥釉放大天盤口大漢罇一件
宣窑放大天球罇一件
宣窑放大獸面雙環大漢罇一件
汝釉放大雙管撇口大漢罇一件
大官釉放大直口雙管大漢罇一件
冬青拱花寶月瓶一件
哥釉六方雙管罇一件
宣窑青花放大馬掛瓶一件
宣窑放大雙管直口罇一件

五彩放大暗八仙天球罇一件
大官釉拱八掛銅鼓罇一件
宣窑放大銅鼓罇一件
宣窑放大青龍天球罇一件
大官釉方大蒜頭罇一件
宣窑放大天禄罇一件
龍泉四方九宫五缶瓶一件
哥釉蓮座蒜頭瓶一件
宣窑青花洋帽洗一件
宣窑青花鉢盂缸一件
冬青拱漢文天球罇一件
冬青拱漢文寶月瓶一件
廠官放大獸面雙環大漢罇一件
廠官釉放大腰圓天禄罇一件
廠官釉三陽罇一件
廠官釉太極紙鎚瓶一件
汝窑天禄罇一件
宣窑青花梅瓶一件
宣窑青花三果梅瓶一件
宣窑青花蜚戟雙耳瓶一件
宣窑青花放大紙鎚瓶一件
宣窑青花靶托一件
宣窑青花如意有蓋水盛一件
宣窑黄地青花參壺一件
宣窑青花小合一件
宣窑青花罐一件
宣窑青花八寶高四足茶壺一件
宣窑青花腰元有蓋水盛一件
成窑青雲龍有蓋小罐一件
成窑五彩有蓋小罐一件
大官釉蛋式水盛一件
大官釉小紙鎚瓶一件
霽紅小玉壺春一件
龍泉釉太平蒜頭馬掛瓶一件
龍泉釉拱花蓮蓬花插一件
龍泉釉拱花小太平罇一件
龍泉釉拱花蛋式水盛一件
龍泉釉長方有蓋合一件
廠官釉小缸一件
汝釉鼓釘花囊一件
哥釉葵瓣筆洗一件
霽青菊瓣茶壺一件
冬青拱花漢罇一件

嘉窰青龍小缸一件
紫金釉小缸一件
宣窰青花觀音瓶一件
哥窰腰元罐一件
汝釉九宫瓶一件
白定起綫橄欖瓶一件
冬青有蓋葫蘆罐一件
龍泉拱花太白罇一件傳
旨着交與燒造磁器處唐英將洋彩百禄雙耳罇一件併青花白地蓋碗一件此二件照樣燒造不要耳子再五彩法瑯五寸碟一件五彩暗八仙撓碗一件收小些照樣亦燒造青花白地八吉祥撓碗一件收小些照樣燒造照此樣五彩的收小些亦照樣燒造再青花白地直口觀音瓶一件照此樣脖子放粗些嘴子要撇口再宣窰青香草燈臺一件照樣燒造花樣改畫好花樣再大官釉高四足茶壺一件足再放高些燒造其餘俱照樣燒造送來燒造完時再將交出原磁器繳回仍交磁器庫此磁器内有大器皿應畫樣帶去其小磁器皿俱各帶去欽此

七月

二十八日司庫劉山久七品首領薩木哈催總白世秀將

内大臣海望爲挑補匠役並添給飯食繕摺一件内稱臣海望謹
奏爲請
旨事臣查得造辦處法瑯等各作房之南匠從前俱係廣東江西蘇州等處鈔官及織造官員揀選好手匠人送赴來京應藝今經數年各行南匠内有年老病故者亦有告退回家者其缺尚未挑補至現有之南匠不敷應用臣按各作原有及缺少未補並酌擬應行添補南匠數目另繕清單一並恭呈
御覽伏候
命下臣將應添補之畫法瑯匠六名輪子匠一名廣木匠三名寄字與海關鄭伍塞漆匠二名寄字與淮關唐英鑲嵌匠一名木匠三名硯匠一名畫樣人一名大器匠五名寄字與織造海保令其揀選好手匠人送赴來京以共應藝……(記事録)

八月(江西)

初八日七品首領薩木哈來説太監胡世傑交熊窰筆拱一件傳
旨照此筆拱尺寸大小着唐英照樣燒造青花白地一件
欽此

十月(江西)

二十九日司庫劉山久七品首領薩木哈催總白世

秀來説太監毛團胡世傑高玉傳
旨嗣後着草瓶不必燒造均釉再釉裡紅龍梅瓶紅龍顔色不好往好裡燒造再查斗不甚用以後少燒造欽此

二十九日司庫劉山久七品首領薩木哈催總白世秀來説太監毛團胡世傑高玉傳
旨將唐英所進之磁器俱各送往圓明園交園内總管安放在金魚池欽此

於本年十一月十五日栢唐阿拴住送往圓明園訖

於本日將
磁器皿等件交園内總管收訖

二十九日司庫劉山久七品首領薩木哈催總白世秀來説太監毛團胡世傑高玉傳
旨今年送來磁器甚少是何緣故着問送磁器人欽此

十一月(**江西**)

初二日司事劉山久七品首領薩木哈催總白世秀來説太監高玉傳
旨問燒的磁器少釉水亦不好交海望寄信去申飭他欽此

十二月(**江西**)

二十七日七品首領薩木哈將淮關唐英送來瓶罐盤碗等共一百五十九件交太監毛團胡世傑高玉呈
覽奉
旨嗣後洋彩五福大小碗並青花白地艾葉筆覘(掑?)俱不必燒造欽此

乾隆四年

八月

初三日催總白世秀來説奏事太監王常貴傳旨將唐英所進棕竹漆寳座椅子着往圓明園交園内總管欽此(記事録)

於本年八月初三日栢唐阿那思圖送去棕竹漆寳座一座隨綉緞褥椅子十二張各隨錦墊俱送圓明園訖

十一日首領李久明催總白世秀將員外郎唐英燒造得上色罇瓶罐盤碗鐘碟共二千七百五十一件交太監毛團胡世傑高玉呈
覽奉
旨雨過天晴太官式壺嗣後不必燒造將洋彩黄地洋花合歡罐二件留下其餘俱送圓明園交園内總管欽此(記事録)

於本月十六日栢唐阿德福將以上磁器送赴圓明園交司房收訖

十一月

十八日七品首領薩木哈催總白世秀將唐英照畫樣燒造得

填白釉小瓶一百十二件照發去鐘樣燒造得

填白鐘四件

青花白地鐘四件並原樣鐘二件

酌量釉水燒造得筆洗水盛等樣一百三十九件持
進交八品官高玉太監毛團胡世傑呈
覽奉
旨將填白釉小瓶俱燒法瑯填白鐘二件青花白地鐘二件原樣鐘二件洋漆洋花小方罐一件留用其餘俱送往圓明園內總管侯大運新磁器到時一同挑選等次欽此(法瑯作)

於十二月初八日將燒得

魚子紋汝釉雙耳太平水盛四件觀釉撇行合歡水盂八件白裡齊青撒行筆㧜二件魚子紋汝釉吉利水盛十件均釉半壁水盛四件龍泉釉拱花撇口筆㧜二件白泥汝釉蓮花水盂二件東青釉蓮花水盂四件魚子紋汝釉筆洗六件哥釉六方水盛二件魚子紋汝釉有蓋雙耳花插八件汝釉六方水盛二件哥釉長方水盛一件汝釉長方水盛二件東青釉菱花六合水盛十件宣窑青花雙環三足小筆洗八件冬青釉六方水盛二件觀釉撇口三足小筆洗四件觀釉元式收口水盛八件大觀釉長方水盛六件青花白地鐘二件龍泉釉拱菱螭寶珠口水盂十件魚子紋汝釉菊瓣口水盂六件觀釉磬口太平水盛十件觀釉鼓釘小糖鑼洗十件冬青釉長方水盛二件大觀釉六方水盛五件哥窑元式收口水盛一件填白磁鐘二件

以上共一百四十二件俱交栢唐阿雙住福保送赴
圓明園訖

燒造得

填白鐘二件青花白地鐘二件洋彩方罐一件

此係乾隆四年四月照發去樣燒

內庭留下

燒造得

填白小瓶十二件此係乾隆三年五月照畫樣燒交鄧八格領去燒造

十二月

十五日七品首領薩木哈催總白世秀將唐英燒造得大運磁器盤碗鐘碟罇瓶罐共三千七百五十一件連原樣在內持進交八品官高玉太監毛團胡世傑呈
覽奉
旨着將黃地洋彩洋花雙環罇黃地洋彩雙圓瓶洋彩墻雙鶴瓶此五件留於內庭用嗣後燒造雙圓雙管瓶其瓶口着燒造天盤口再嗣後燒造青花白地缸時再放大些要成對其粉定四繫起緣橄欖瓶上口與底足俱往粗里放大些五彩時令酒元五彩團花宫碗白釉七寸盤此一樣不必燒造即將□(已)呈覽過磁器四件

發回其餘磁器俱各送圓明園總管收放俟朕駕幸圓明園着劉滄洲挑選等次欽此（江西）

於本月十七日栢唐阿文保將磁器盤碗鐘碟罇瓶罐等共三千七百四十二件持去送赴圓明園交園内總管收訖

乾隆五年

（按乾隆五年檔案首尾缺記事録題下亦言首尾缺如）

十二月

二十一日司庫白世秀七品首領薩木哈將唐英燒造得各種有連磁花盆二十四件各種無連磁花盆四十二件持進交太監高玉呈

覽奉

旨將有連磁花盆八件無連磁花盆十二件交南花園其餘各種磁花盆俱交圓明園内總管王進忠栽花用不必取貯欽此（記事録）

於本月二十二日將有連磁花盆八件無連磁花盆十二件交花園太監張進公持去訖

於本月二十五日栢唐阿法克進將有連磁花盆十六件無連磁花盆三十件送往圓明園交王進忠收訖

乾隆六年

三月

初五日太監高玉傳旨着向江西燒造磁器唐英處將會磁器會吹釉水兼會煉料燒造磁器之匠役選一名送進京來應差欽此（記事録）

於本年十一月十八日内大臣海望將江西燒造磁器處監督唐英着家人送到會畫磁器會吹釉水兼會煉料燒造磁器匠役胡信侯一名繕寫摺片交太監高玉等轉奏奉旨交與鄧八格欽此

於本月十一日已知會過法瑯處訖

四月

十二日司庫白世秀來説太監高玉傳旨唐英燒造上色之磁器甚糙釉不好磁器内亦有破的着怡親王寄字與唐英欽此（記事録）

六月

二十一日司庫白世秀來説太監高玉等傳旨着海望交燒磁器處以後不必燒造欽此（記事録）

乾隆七年

正月(江西)

二十三日司庫白世秀來説太監高玉係楊交冬青(按此處字句不通爲原文復製如此)交燒磁器處照樣燒做一件記此

交瑞保

於本年三月十七日司庫白世秀副催總達子將燒磁器處照樣燒來

冬青磁罐蓋一件持進交太監高玉呈

進訖

四月(法瑯作)

初一日栢唐阿雙柱來説爲三月二十日催總鄧八格將畫得

磁蓋碗紙樣一張

磁筆洗紙樣一張

磁爐瓶三式紙樣四張

磁葵花蓋碗紙樣一張

磁蓋鐘紙樣一張

磁四寸碟紙樣一張

磁三寸碟紙樣一張

磁五寸碟紙樣一張

磁香合紙樣一張

磁方壺紙樣一張

磁連子壺紙樣一張

磁果碗紙樣一張

磁茶碗紙樣一張

磁膳碗紙樣一張

磁飯碗紙樣一張

磁七寸盤紙樣一張

磁筆筒紙樣二張共磁器紙樣二十二張呈

覽奉

旨照樣將填白磁器每樣各燒造幾件送來欽此

於本年十一月初四日司庫白世秀將唐英燒造得

填白磁匙節瓶合七件

填白磁碟大小三十件持進交太監高玉呈

覽奉

旨着交法瑯處欽此

俱交鄧八格領去

四月(江西)

初八日

内大臣海望奉

旨着照此青雲白地釉裡紅龍馬掛瓶畫樣交江西唐英

照樣燒造幾件送來欽此

五月(江西)

初二日司庫白世秀來説太監高玉傳
旨將唐英燒造之鶴鹿嗣後燒造時鶴俱要對面其鹿脖
子要直的欽此

六月

初六日司庫白世秀副催總達子來説太監高玉傳
旨將燒磁器處進來之填白磁器三百九十件着法瑯處
畫法瑯用欽此(法瑯作)
於本月初七日司庫白世秀將填白磁器三百九十件交栢唐
阿雙柱文保領去訖
十四日司庫白世秀副催總達子將唐英送來五年
分次色磁器樣等共一百九十一件持進交太監高玉
等呈
覽奉
旨今年磁器甚屬平常將罇瓶罐等四十九件留用其餘
磁器仍交出着怡親王內大臣海望派員同唐英家人
挑選用得的送進其用不得的交唐英變價再嗣後燒
造磁器或畫樣內或窑上樣內揀選好樣式燒造送來
其平常樣式不必燒造嗣後脚貨器皿不必送京即在
本處變價欽此
於本年六月二十三日司庫白世秀副催總達子將選得
元器四千三百十四件琢器二百九十五件持進交太監高玉
等呈
覽奉
旨此一次次色磁器不必交唐英變價着俱各送進呈覽
嗣後脚貨不必來京即在本處變價欽此
於本年六月二十五日司庫白世秀副催總達子將
元器九千一百七十六件琢器二百八十五件持進交太監高
玉呈
覽奉
旨將琢器俱各留下其元器交高玉三千八百十四件交
訥親王內大臣海望六千二百三件賞給圓明園官員
八旗護軍兵丁交內務府總管二千件賞給內務府官
員再交訥親一千五百件賞給大門上侍衛一件御前
侍衛與乾清門侍衛賞給五百件欽此
十四日司庫白世秀副催總達子來説太監高玉傳
旨唐英此運磁器燒造的平常脚貨甚多着怡親王內大
臣海望寄字着實申飭欽此(記事録)

八月(江西)

十一日司庫白世秀副催總達子將唐英燒造得
洋漆收小翠地錦上添花冬青玲瓏夾宣花瓶等六
十九件持進交太監高玉呈
覽奉

旨着照青花白地裡外穿枝蓮膳碗大小款式其花樣照
錦上添花山水湯碗花樣燒造再窑上有好花樣亦照
膳碗款式燒造再將五彩筆筒高裡收矮一寸徑元酌
量收小御製詩句畫山水壯罐甚好令唐英不獨此壯
罐款式別樣瓶亦照有詩句山水花卉燒造欽此
二十九日司庫白世秀來説太監高玉交
青花白地雙雲耳六方方罇一件傳
旨此罇花樣款式甚好着唐英照樣燒造幾件但罇肚子
坐龍身不正做時改做周正其罇耳子不好着唐英另
改好款式耳子再照此罇款式花樣收小些燒造幾件
惟罇肚上坐龍不用改別好花樣燒造得時原樣一併
送來欽此
於本年十一月二十八日司庫白世秀將唐英照樣燒造得
青花白地雙雲耳六方花罇改款式耳子四件並樣一件持進
交太監高玉呈
進訖

九月（江西）

初十日司庫白世秀副催總達子來説太監高玉交
洋彩紅地錦上添花四圍畫山水磁碗一件傳
旨着照此洋彩紅地錦上添花四圍畫山水碗上山水花
樣做杯盤其杯做有耳杯托盤或圓或葵瓣形先做木
胎杯盤樣呈覽准時再做欽此
於本月二十三日司庫白世秀副催總達子將做得木胎畫四
團山水海棠式杯盤紙樣一張畫二團山水雙耳杯樣一件畫
四團山水海棠式杯盤紙樣一張持進交太監高玉呈
覽奉
旨將此樣交唐英照樣燒造其胎骨要薄些欽此
於十月初四日司庫白世秀副催總達子將做得
錦上添花杯盤木樣一件持進交太監高玉呈
覽奉
旨着交唐英照樣燒造其胎骨要薄些欽此
二十三日司庫白世秀副催總達子來説太監高
玉交
御製詩一首傳
旨將此詩交與唐英燒造在轎瓶上用其字併寶璽酌量
收小其安詩地方並花樣亦酌量燒造欽此
於本年十二月十七日司庫白世秀副催總達子將唐英燒
造得
御製詩轎瓶十二件持進交太監高玉呈
進訖

十一月

二十日司庫白世秀副催總達子將唐英造得上色
錦上添花罇瓶三十件錦上添花茶圓三十二件上色
呈樣罇瓶罐等一百三十四件盤碗鐘碟等二百五十

四件上色裝桶盤碗鐘碟罇瓶罐等五千四百五十九
件之數目總册一本持進交太監高玉呈
覽奉
旨將錦上添花罇瓶俱留下其餘交劉滄洲欽此(記事
録)
於本日司庫白世秀副催總達子來説總管劉滄洲傳旨將交
出磁器俱送往圓明園交園内總管欽此
於本月二十二日栢唐阿夏四達子將交出磁器等件俱送赴
圓明園交司房訖

十二月

二十八日司庫白世秀將唐英燒造得
青花白地雙喜耳罇八件
詩句撞罐二件
霽紅梅花膽瓶一件
洋彩白地膽瓶一對
洋彩蓍草玲瓏哥窑瓶一件
汝釉連環洋彩瓶一件
八哥海螺水盛一件
五福海螺水盛一件
洋彩圓筆筒二件
洋彩方筆筒二件
錦上天(添)花四團圓杯盤二副
紅地錦上添花葵瓣式杯盤二副
紅地錦上添花海棠式杯盤二副
松緑月白釉香橼盤二件
紅地錦上添花膳碗十二件
持進交太監高玉等呈
覽奉
旨着照紅地四團錦上添花膳碗將黄地錦上添花膳碗
燒造些其紅色錦上添花膳碗仍燒造再紅地錦上添
花圓杯盤葵花式杯盤海棠式杯盤亦仍燒造照此三
樣杯盤將黄地天青地錦上添花杯盤各燒造些青花
白地杯盤亦燒造杯盤俱要成對再青花白地雙喜耳
六方罇照原樣放高五寸放大二寸五分一樣放高三
寸放大一寸五分一樣再着爾着量大小高矮式樣各
燒造些香橼盤下珊瑚枝托嗣後不必燒造欽此(記事
録)
三十日司庫白世秀副催總達子來説太監高玉交
爵盤木様一件傳
旨着交唐英照様將黄地天青地紅地錦上添花並青花
白地爵盤每樣各燒造些俱要成對欽此(記事録)

乾隆八年

二月

初三日司庫白世秀副催總達子來説太監高玉傳
旨燒法瑯的填白磁嗣後不必向江西要亦行文與伊處
不必送來欽此(記事録)

四月

初八日司庫白世秀來説太監胡世傑高玉交陶冶
圖二十張傳
旨着將此圖交與唐英按每張圖上所畫係做何枝葉詳
寫來話要文些其每篇字數要均匀或多十數字少十
數字亦可其取土之山與夫取料取水之處皆寫明地
名再將此圖十二幅按陶冶先後次弟編明送來欽此
(記事録)

於本月十一日司庫白世秀將繕寫得陶冶圖上諭摺片一件
持進交太監高玉等轉奏奉旨將此改證摺片與陶冶圖俱交
唐英欽此

於本年六月二十一日將唐英寫得對詞陶冶圖十二張隨原
摺片一件持進交太監高玉呈進訖

五月

十七日司庫白世秀副催總達子將唐英燒造得錦
上添花三色杯十八副(計三十六件)填白夾青碗十
件錦上添花三色膳碗二十六件玲瓏交泰瓶等十件
冬青有座轉旋靶碗一件均釉瓶二件持進交太監高
玉呈
覽奉
旨俱各留下其新式玲瓏巧工磁器不必照隨常磁器一
樣多燒嗣後按節進十數件俱要成對如不能成對即
將各樣燒造欽此(記事録)

六月(江西)

二十一日員外郎常保司庫白世秀七品首領薩木
哈副催總達子將唐英燒造得
宣花交太五岳缾一件
洋彩錦上添花六合太平花插一件
洋彩玲瓏渣斗一件
洋彩冬青釉太平有象缾一件
汝釉魚子紋詩意轎缾二件
洋彩黄地錦上添花詩意杏元轎缾二件
洋彩翠地錦上添花詩意變耳轎缾二件
洋彩黄地洋詩意海棠轎缾二件
洋彩紅地錦上添花詩意三多寶月轎瓶二件
洋彩紅地錦上添花詩意衍慶轎瓶二件
洋彩翠地錦上添花詩意雙喜轎瓶二件

洋彩黄地錦上添花江山一統爵盤二件
洋彩紅地錦上添花江山一統爵盤二件
青花白地江山一統爵盤二件
持進交太監高玉胡世傑等呈
進奉
旨照從前進過的錦上添花萬年甲子筆筒再燒造幾件
送來欽此
於八月十九日將唐英燒造筆筒五件持進交訖

八月(江西)

初四日廣儲司庫使曹　報上帶來
内大臣海望信帖一件内開本年七月二十七日太
監高玉交
御題衡皋掇菁藻五言詩一首傳
旨着寄與唐英照從前燒造過掛餅式樣將此詩寫上燒
造數件送赴來京欽此
衡皋掇菁藻氈室伴清嘉却喜多鳳韵偏宜對月華
參來紅艷夥映處録叢斜還似文軒側微吟倚碧紗

十一月(江西)

初五日七品首領薩木哈將唐英燒得
大運琢圓磁器共五千四十五件外隨進錦上添花
洋彩等琢圓磁器共一百十七件俱持進交太監胡世
傑呈
覽奉
旨將青雲龍鉢盂缸二件龍泉釉暗龍鉢盂缸二件並龍
泉釉宣花邊寶月瓶一件交造辦處配座其餘交圓明
園再青花蠟臺二對仍交與唐英各配香爐一件花餅
二件配成送來其蠟盤中層做好蠟阡樣式香爐蠟臺
花餅燒造幾分比此樣放大些亦燒造幾分送來欽此
於乾隆九年五月初四日司庫白世秀將唐英燒造得
放大青花白地五供二分並原交出蠟阡二對配
得香爐花餅二分持進交太監胡世傑呈
進訖

十二月(江西)

初九日七品首領薩木哈來説太監胡世傑交
御用青花白地膳碗一件傳
旨着交唐英燒造其碗大小厚薄深淺款式俱照此膳碗
外面俱燒五彩各色地杖花樣各按時令分別吉祥花
樣碗内仍照外面花樣俱要青花白地年節用三羊開
泰上元節用五谷豐登端陽節用艾葉靈符七夕用鵲
橋仙渡萬壽用萬壽無疆中秋節用丹桂飄香九月九
用重陽菊花之類尋常賞花用萬花獻瑞俱按時令花
樣燒造五彩要各色地杖每十件地杖要一色按節每
樣先燒造十件欽此
於乾隆九年五月初四日司庫白世秀將唐英燒造得

艾葉靈符膳碗十件持進交太監胡世傑呈
進訖

乾隆九年

正月(江西)

初七日司庫白世秀來説太監張玉傳
旨這一次脚貨磁器内將酒圓俱各送來其餘脚貨仍在
本處變價欽此
於七月初四日司庫白世秀將唐英燒造得
各式脚貨酒圓二千二百十件持進交太監胡世傑呈
進訖

二月(江西)

初九日司庫白世秀來説太監張玉胡世傑交青花
白地書燈一件
御筆詩一首傳
旨將此書燈交與唐英照此書燈款式並蠟盤裡上的字
樣先燒造書燈幾件送來其字並圖書俱按青花白地
一色燒造再照此樣書燈燒造洋花書燈幾件陸續送
來此書燈放大些收小些的各燒造幾件送來其現燒
造之五供上的蠟阡上不必將此詩燒上欽此
於五月初四日司庫白世秀將唐英燒造得青花白地御製詩
書燈二對隨樣持進交太監胡世傑呈
進訖
於七月初四日司庫白世秀將唐英燒造得洋彩書燈二對青
花白地書燈二對持進交太監胡世傑呈
進訖

三月

十六日司庫白世秀催總達子將江西燒造磁器監
督唐英燒造得洋彩錦上添花各式鼻烟壺四十件並
霽紅窑變盤碗鐘碟等二十六件持交太監胡世傑呈
進奉旨嗣後此窑變磁器不必送來其鼻烟壺每年只
燒四五十件送來不必多燒欽此(織造處)

五月

初四日太監趙玉來説奏事太監王常貴等傳旨九
江關唐英奉天將軍額爾圖各賞中分錠子藥一分欽
此(記事録)
於本日太監趙玉將中分錠子藥二分持去訖

五月(江西)

初四日司庫白世秀副催總達子將唐英燒造得
艾葉靈符膳碗十件各色洋彩鼻烟壺四十件青色
白地書燈二對青花白地伍供四分内二分蠟阡係原
發去配爐花瓶内二分係放大燒做俱持進交太監胡
世傑呈

覽奉

旨此伍供内花瓶俗氣款式亦不好再燒造時另改好款式燒造其端陽節艾葉靈符膳碗嗣後不必燒造欽此

十一日司庫白世秀副催總達子來説太監胡世傑張玉交

成窑天字蓋罐二件（内一件釉水不全）傳

旨着將缺釉水的天字罐一件交唐英補釉如補得補好送來如補不得不必補仍舊送來欽此

六月（江西）

初三日司庫白世秀來説太監胡世傑張玉交青花白地香爐臺大小二分傳

旨將此香爐蠟臺着交與唐英配合好款式各燒造花瓶一對配成一堂欽此

初三日司庫白世秀副催總達子來説太監胡世傑傳

旨將發與唐英做樣書燈一件俟到來時交齋宮欽此

於本月初十日付催總佛保將無字書燈一對送往齋宮交訖

八月

十九日七品首領薩木哈將唐英燒造得磁犬四件（各隨木籠）持進交太監胡世傑呈進奉旨交開其里

酌量地方擺欽此（記事録）

於本月二十五日栢唐阿吉交法克進送往圓明園交司房收訖

九月

十五日司庫白世芬副催總達子來説太覽胡世傑張玉傳旨雅滿達喇壇仙樓上着交燒造磁器處燒造青花白地磁五供三堂其瓶内配燒磁苓芝花欽此（織造處）

於十年五月初四日司庫白世秀將江西燒造來青花白地五供三堂持進交太覽胡世傑呈進訖

十月（江西）

二十六日司庫白世秀七品首領薩木哈副催總達子將唐英配得花瓶磁五供二分持進交太監張玉胡世傑呈

覽奉

旨此花瓶嘴子肚子足子俱小了將從前着燒造五供三分花瓶之嘴子肚子足子放大些燒造欽此

十一月

二十八日司庫白世秀七品首領薩木哈催總達子把唐英燒得上色錦上添花轉旋罇瓶碗等十八件並各色樣瓷罇瓶盤碗鐘碟等共五千二百七十三件持進交太監張玉胡世傑呈覽奉旨將上色罇瓶碗十八

件並霽青項大錦伏天球罇一件留下其餘五千二百
七十二件送往圓明園交園内總管欽此(記事録)

十二月

初二日七品首領薩木哈來説太監胡世傑交漢白
玉卧蠶繩紋獸面腰元瓶一件御筆畫的瓶樣一件象
牙座子一件傳
旨照此座樣欵或用紫檀木或用烏木另配一矮些座
其座上字並圖章仍刻在新做之座上再照象牙座
大小欵式照御製瓶樣漫胎樣呈覽準時交南邊照
樣燒磁瓶一件欽此
於本月初三日七品首領薩木哈來説太監胡世傑傳
旨着照合牌瓶樣式按牙座子大小燒造哥窑瓶一
件倣舊的做不要欵式倣得舊更好欽此
於本月十二日七品首領薩木哈將做得哥窑查斗樣一
件隨牙座持進交太監胡世傑呈
覽奉
旨惟照樣交唐英燒造欽此

乾隆十年

正月(江西)

初九日七品首領薩木哈來説太監胡世傑呈
無蓋青花白地小梅瓶一件
有蓋青花白地大梅瓶一件傳
旨照大梅瓶上蓋子的樣款按小梅瓶的花樣大小着唐
英燒造磁蓋一件送來得時配架座其大梅瓶將蓋子
鏇下木樣發南邊瓶交開其里欽此
二十一日司庫白世秀來説太監胡世傑交
銅胎紅法瑯蓋一件
銅胎藍法瑯蓋一件傳
旨着交唐英照樣將霽青霽紅蓋各燒一件欽此
於五月初四日司庫白世秀將江西做得送來霽青霽紅蓋二
件隨原樣二件持進交太監太監胡世傑呈
進訖

二月(江西)

初十日司庫白世秀來説太監胡世傑交
磁胎畫法瑯茶鐘一件
成化紅龍高裝杯一件傳
旨照法瑯茶鐘的口面按紅龍高裝杯的花樣並底足字
款一樣着江西仿舊燒造高裝茶鐘二十件送來欽此
於本月十一日司庫白世秀將鏇得
高裝茶鐘木樣一件持進交太監胡世傑呈
覽奉
旨照樣准做欽此

於二月十三日司庫白世秀來説太監胡世傑傳
旨向江西燒造紅龍鐘二十件不必燒造欽此
於三月初一日司庫白世秀將
茶鐘一件紅龍杯一件持進交太監在胡世傑呈
進訖

三月(江西)

二十日司庫白世秀來説太監胡世傑交
霽紅僧帽壺一件(無蓋)傳
旨着照京内僧木壺蓋木樣一件交江西照樣燒造霽紅
蓋送來其僧帽壺配座呈進時聲明頭等欽此
於本月三十日司庫白世秀將做得
僧帽壺蓋樣一件持進交太監胡世傑呈
覽奉
旨照樣准交江西燒造欽此
於四月十三日司庫白世秀將
霽紅僧帽壺配得木座持進交太監胡世傑呈
進訖
於本月二十日司庫白世秀將鏇得
青花白地撞罐蓋木樣一件持進交太監胡世傑呈
覽奉
旨照樣准燒欽此
二十九日司庫白世秀副催總達子來説太監胡世
傑交
青花白地撞罐一件傳
旨着交唐英照此花樣燒造罐蓋一件欽此

四月

二十九日太監趙玉來説奏事總管王常貴等傳旨
賞兩廣總督第楞大分錠子藥一分再賞内務府員外
郎管理九江關税務唐英中分錠子藥一分欽此(記事
録)
於本日太監趙玉將大分錠子藥一分中分錠子藥一分持去

五月(江西)

初一日七品首領薩木哈來説太監胡世傑交
汝釉猫食盆一件(隨嵌紅牙座一面玻璃楠木匣
子)奉
旨將猫食盆另配一紫檀木座落矮些足子下深些座内
安抽屜再將此牙座照猫食盆樣款顔色大小燙一合
牌着色樣發給江西唐英燒造一件送來欽此
於本月初十日司庫白世秀將
汝釉猫食盆　色木樣一件持進交太監胡世傑呈
覽奉
旨准交江西燒造欽此
於八月十一日七品首領薩木哈將
汝釉猫食盆一件配得紫檀木鈎金座座内安得抽屜盛磁青

紙摺（？）隨一面玻璃楠木匣持進安在
博古格內訖
十二日司庫白世秀將江西唐英燒造得
上色罇瓶罐碗鐘碟等五千二百八十九件
上色洋漆錦上添花罇瓶碗鶴鹿等七十六件持進
交太監胡世傑呈
覽奉
旨嗣後鶴鹿不必燒造了欽此

十二月

初一日司庫白世秀七品首領薩木哈將江西唐英
燒造得洋彩錦上添花罇瓶等二千件上色罇瓶盤碗
鐘碟等五千二百六十四件六年分次色黃器盤碗鐘
碟等二千三百二十一件俱持進交太監胡世傑呈覽
奉旨將洋新彩錦上添花罇瓶等二千件內庭留下其
餘着送往圓明園交劉滄洲欽此（記事録）
於本月初八日栢唐阿五十送往圓明園交劉滄州訖

乾隆十一年

二月（江西）

二十二日司庫白世秀七品首領薩木哈來説太監
高玉交
白地紅花甘露餅一件（紫檀木座）傳
旨照此餅款式花樣做一木樣着色呈覽准時交與江西
先燒造幾件送來隨後再燒造幾件俱不要款得照此
座樣一樣配座欽此
於本年二月二十二日司庫白世秀七品首領薩木哈將
白地紅花甘露餅一件隨做得樣交南邊燒造其瓶交進去訖
二十三日七品首領薩木哈來説太監高玉交青花
白地壯罐一件（隨木座銅膽）傳
旨交唐英配一罐蓋其銅膽做材料用欽此
於本年十一月二十四日七品首領薩木哈將青花白地壯罐
一件交唐英配得蓋持進交太監胡世傑呈
進訖

四月

二十五日太監趙玉來説奏事太監王常貴等傳旨
著賞九江關督唐英中分錠子藥一分欽此（記事録）
於本日太監趙玉將中分錠子藥一分持進訖

五月（江西）

初一日司庫白世秀七品首領薩木哈將江西唐英
照樣燒造得
紅花白地甘露瓶四件配蓋的青花白地壯罐一件
照樣燒造得青花白地有蓋壯罐二件並哥窑象棋
等件持進交太監胡世傑呈

覽奏
旨俱各留下其甘露瓶著唐英再燒造幾件欽此
六月(江西)
十四日司庫白世秀來説太監胡世傑交
轎缾一件
青花白地雙管罇一件(隨木座)傳
旨照此轎缾樣款不要佛□□大做掛缾六件交荷香箭
柱上掛四件屋内簷柱上掛二件要錦上添蓮花留空
堂寫詩屋内香几上照雙管罇的款式周身要青蓮花
白地燒造缾四件俱先畫樣呈覽准時交江西燒造
欽此
於六月十八日司庫白世秀將畫得
錦上添蓮花轎缾紙樣大小二張持進交太監胡世
傑呈
覽奏
旨准交江西照樣燒造大轎缾二件小轎缾四件再照雙
管罇樣款周身要青蓮花白地燒造四件送來欽此
於十一月二十六日七品首領薩木哈將江西燒
造得
洋彩紅地錦上添蓮花掛缾大小二對
洋彩黄地錦上添蓮花小掛缾一對
青蓮花白地雙管缾一件
青花白地雙管罇一件隨木座持進交太監胡世傑呈
覽奏
旨將青花白地罇並掛缾雙管蓮花瓶俱交圓明園内總
管收貯俟房得時著造辦處人拴掛安設欽此
於十二月十五日栢唐阿盛德將以上之物俱送往圓明園
去訖
七月(江西)
二十八日七品首領薩木哈來説太監胡世傑交
嘉窑青花白地人物撇口鐘一件(隨舊錦匣)傳
旨著照此鐘樣將裡面底上改畫帶枝松梅佛手花紋綫
上照裡口一樣添如意雲中間要白地鐘外口並足上
亦添如意雲中間亦要白地寫御筆字先做樣呈覽准
時交江西燒造欽此
於十一月初七日七品首領薩木哈將做得
木胎畫藍色如意雲口足中身寫字鐘樣一件持進
交太監胡世傑呈
覽奏
旨照樣准燒造將鐘上字着唐英分匀挪直再按此鐘的
花樣詩字照甘露缾抹紅顏色亦燒造些其藍花鐘上
花樣字圖書俱要一色藍紅花鐘上花樣字圖書俱要
一色紅鐘底俱燒大清乾隆年製篆字方款其款亦要
隨鐘的顏色欽此

十一月

二十六日七品首領薩木哈將江西燒造府上色呈樣罇瓶罐盤碗鐘碟等三百三十六件二色裝桶罇瓶罐盤鐘碟等四千九百五件外隨進洋彩紅錦地洋花山水詩意楞花罇等七對洋彩描金芭蕉絲環寶蓮洋花霽青大天毬罇等七(對?)　持進交太監胡世傑呈覽奉旨將洋彩東(冬?)青雙帶(殢?)耳觀音瓶一對洋彩錦上添花雙喜耳漢罇一對洋彩翠地錦上添花玲瓏夾宣花膽瓶(一?)對洋彩金碟花霽紅觀音瓶三件留下其餘俱交圓明園内總管收貯欽此

(記事録)

乾隆十二年

正月(粤海)

二十七日内大臣海望奉

旨粤海關淮泰所進之年貢燈貢今年不必呈進其萬壽端陽節之貢仍舊呈進再三處織造圖拉吉葆申祺等並安寧倭赫唐英伊拉齊吉慶衆神保普福今年燈貢不必呈進將進燈之分着辦次些粧蟒及五絲緞疋俱要黄色欽此

二月(九江)

十九日内大臣海望來説太監張玉傳

旨着傳與唐英將甘露瓶陸續再做些來欽此

三十日七品首領薩木哈來説太監胡世傑交

成窑五彩天字罐一件(隨木座銅膽)

成窑五彩罐一件(隨銅膽)傳

旨將罐俱交唐英各配蓋一件其銅膽俱交造辦處有用處用欽此

於七月十一日司庫白世秀將唐英送到

成窑五彩天字罐一件成窑五彩罐一件各配得蓋

持進交太監胡世傑呈

覽奉

旨此罐原係重華宫的不知安了陳設無有如安了陳設

回奏欽此

於五月初三日七品首領薩木哈將

成窑五彩天字罐一件成窑五彩罐一件俱配得蓋持進交太監胡世傑呈進訖

四月(江西)

十四日司庫白世秀來説太監胡世傑交

觀音木樣一尊(隨善財龍女二尊)傳

旨交唐英照樣燒造填白觀音一尊善財龍女二尊如勉

力燒造窑變更好原樣不可壞了送到京時裝嚴

安供

欽此

於十三年七月十二日司庫白世秀將江西燒造得觀音一尊隨善財龍女持進交太監胡世傑呈

進訖

二十一日司庫白世秀來説太監胡世傑交青花白地方壺一件傳

旨着配座算三等交江西照樣燒造糙些蓋子一件送來

欽此

於十二月初六日七品首領薩木哈將青花白地方壺一件燒造得蓋子一件持進交太監胡世傑呈

進訖

二十二日司庫白世秀來説太監胡世傑交

青花白地執壺一對

白地紅花執壺一件　傳

旨着各配座交江西照壺上花樣各燒造蓋子一件送來

欽此

於十二月初六日七品首領薩木哈將唐英燒造得配蓋青花白地執壺一對白地紅花執壺一件持進交太監胡世傑呈

進訖

五月（江西）

初一日司庫白世秀催總達子來説太監胡世傑交

磁龍耳爐一件（隨磁座）

磁匙筯瓶合二件（瓶隨銀匙筯磁座）傳

旨將匙筯瓶合交唐英香合照瓶座一樣配座不可粘住

欽此

於十一月二十六日七品首領薩木哈將唐英送到香合上磁座一件並磁龍耳爐一件隨磁座磁匙筯瓶合二件隨磁座銀匙筯持進交太監胡世傑呈

進訖

初一日司庫白世秀催總達子來説太監胡世杰交

磁乳爐一件（隨磁座）傳

旨照依顏色款式燒造一尺二寸大的爐一對再酌量大小堪做火盆的燒造幾對亦要照此顏色樣款俱不要磁座欽此

於十二月初六日七品首領薩木哈將燒造得大磁乳爐二件磁火盆大小三對並原樣一件持進交太監胡世傑呈

進訖

初一日司庫白世秀催總達子來説太監胡世傑傳

旨唐英所進茶壺茶鐘隨大運再燒造些蓋子口上俱不要金紅地隨紅花青地隨青花欽此

六月

十三日司庫白世秀催總達子來説太監胡世傑傳
旨將唐英所造的甘露瓶急速送來欽此(記事録)

十一月

二十六日司庫白世秀七品首領薩木哈將唐英燒
造得
上色呈樣琢器一百四十一件
上色呈樣圓器二百六件
上色裝桶琢器四百三十六件
上色裝桶圓器四千四百六十四件
外隨大運上色洋彩錦上添花罇瓶茶圓茶盤共六
十二件持進交總管劉滄洲呈
覽奉
旨將外隨大運上色錦上添花罇瓶茶圓茶盤等内紅地錦上添花花觚二件礬紅甘露瓶四件哥窑玲瓏轉旋著草瓶二件紅地錦上添花詩句茶碗二十二件黄地錦上添花茶圓六件洋彩冬青地四團山水象耳海棠罇二件洋彩萬福洋花蟬紋罇二件留下其餘俱送往
圓明園交園内總管欽此(記事録)
於本月二十八日柏唐阿文保將以上磁器俱送往
圓明園交司房收訖

十二月(江西)

初四日催總達子來説太監胡世傑傳
旨乾隆二年正月十八日李英謝成交海望磁器四萬七千一百二十件着唐英照樣燒造二年至今茶房收過九次膳房收過十五次共收過五千餘件是否係四萬七千一百二十件之處並未聲明着海望查明具奏
欽此
於本月初五日内大臣海望查得乾隆二年正月間
宫殿監正侍謝成李英傳交燒造磁器
旨意一件並樣子五十九件照樣燒造磁器四萬七千一百二十件數目清單一件交太監胡世傑轉
奏奉
旨着將原樣俱行繳回不必燒造嗣後着遵照新發去樣式燒造欽此
十九日司庫白世秀來説太監王常貴等傳旨粵海關並三處織造各處鈔關等明年不必進紗緞疋仍進燈貢欽此策楞圖拉吉葆申祺安寧倭赫唐英伊拉齊吉慶衆神保普福(記事録)
二十七日司庫白世秀來説太監胡世傑交
白磁罐一件　傳
旨着認等呈覽俟准時交江西配蓋欽此

於本月二十八日太監呂進朝將
白磁罐一件認着得係三等持進交太監胡世傑呈
覽奉
旨着交江西配蓋欽此

乾隆十三年

四月（江西）

初三日司庫白世秀催總達子來説太監胡世傑交
嘉窑青花白地小瓶一件（隨一面玻璃楠木匣）傳
旨着照此瓶做木樣一件發往江西照樣燒造嘉窑款二件其餘燒造乾隆款隨大運呈進欽此
於本月初十日司庫白世秀將做得
青花白地嘉窑款瓶木樣一件持進交太監胡世傑呈
覽奉
旨照此木樣准發往江西燒造欽此
於本月初十日司庫白世秀將
嘉窑青花白地小瓶一件隨玻璃楠木匣持進安在
多寳格訖
於十四年六月二十四日司庫白世秀達子將江西唐英燒造得
嘉窑款青花白地小瓶二件木樣一件持進交太監胡世傑呈
進訖
初十日司庫白世秀來説太監胡世傑傳
旨着江西照現燒造的觀世音菩薩善才龍女再燒造一分得時在静宜園供欽此
十六日司庫白世秀來説太監胡世傑交
青花白地膽瓶一件
宣窑雙管花插一件
哥窑雙耳碗一件
官窑小瓶一件傳
旨着俱交江西每樣燒造二件有款照樣落款無款即不必落款欽此
於十四年六月二十四日司庫白世秀將江西唐英燒造得
青花白地膽瓶二件宣窑雙管花插二件哥窑雙耳碗二件官窑小瓶二件各隨原樣木座持進交太監胡世傑呈
進訖

五月（江西）

初一日司庫白世秀來説太監張玉傳
旨問燒造的觀音如何還不得欽此
於本日將燒造過
十一尊未成之處交太監張玉口
奏奉

旨想是唐英不至誠着他至至誠誠燒造欽此
初十日司庫白世秀催總達子來説太監胡世傑交
青花白地磁蠟阡大小二對內大此一對隨座傳
旨將小些一對配座俱做蠟信接油先做樣呈覽準時再
做再唐英來京時着伊代去照樣配香爐花瓶成二堂
欽此
於本月二十九日司庫白世秀七品首領薩木
哈將做得
蠟阡上接油蠟信木樣一件持進交太監胡世傑呈
覽奉
旨準照樣燒造磁的欽此
於十四年五月初四日司庫白世秀將江西送到照樣
燒得
磁伍供二分持進交太監胡世傑呈
進訖

六月

十五日司庫白世秀來説太監張玉胡世傑傳旨唐
英所進黃地紅花甘露瓶嗣後不許呈進欽此（記事
録）

七月

十二日司庫白世秀來説太監胡世傑傳旨着問唐
英磁白衣觀音手與髮髻不要活的要一來的燒的來
燒不來欽此（記事録）
於本日司庫問得唐英據伊説若手與髮髻不要活動無出氣
地方燒不來隨進內交太監胡世傑口奏奉旨知道了欽此

七月（江西）

二十九日司庫白世秀來説太監胡世傑交
白地青龍罐一件（隨漆座銅膽）
緑地抹紅龍瓶一件（隨木座銅膽）傳
旨着交唐英各照樣配蓋一件其瓶罐交進不可持去另
畫樣帶去欽此
於閏七月十四日司庫白世秀將
白地青龍罐一件緑地抹紅龍瓶一件各隨膽座俱持進交訖
三十日司庫白世秀來説太監胡世傑交
觀窑元罐一件（木座）
龍泉釉有字六方罐一件（銅膽木座）
龍泉釉拱花元罐一件（木座）
黃磁雙耳罐一件（銅膽木座）
宣窑青花白地元罐一件（木座銅膽）
青花白地如意雲大些元罐一對（一件木座蓋玉頂
一件木座銅膽）
青花白地如意雲小些元罐一對（一件木座一件木
蓋錦座）傳
旨着交唐英各配蓋一件其罐等不必持去另畫樣帶去

仍將罐等持進在原處陳設欽此
於閏七月十四日司庫白世秀將
觀窑元罐等九件隨木座銅膽等持進交訖
三十日司庫白世秀來説太監胡世傑傳
旨着問唐英祭器做至幾成趕得來趕不來着伊聲
明回奏欽此
於閏七月初一日司庫白世秀問得唐英據伊説祭
器已做至五成陸續送來冬至日趕得來隨進内交太
監胡世傑口
奏奉
旨知道了欽此
三十日員外郎兼佐領唐英來説本月二十三日
面奉
諭旨着燒造青花五彩觀音菩薩一尊隨善財龍女
欽此

閏七月（江西）

初一日司庫白世秀來説太監胡世傑交
填白花罐一件（銅膽木座）
填白暗花三多花囊一件（木座）
填白暗花三蝶花囊一件（木座）
填白花囊一件（木座）
填白暗花花囊二件（俱隨木座）
填白小罐一件（膽木座）
青花白地瓜瓣花囊一件（銀膽木座）
成窑白地青荷花花囊一件（木座蓋）
白地青鳳罐一件（銅膽木座）
白地青甜瓜罐一件（銅膽木座）
宣窑白地青串枝蓮花罐一件（木座）
嘉窑白地青八仙罐一件（銀膽木座）
成窑白地青荷花花囊一件（木座）
成窑白地青洋花罐一件（銅膽木座）
嘉窑白地青龍鳳罐一件（木座）
白地青果小花罐一件（銀膽木座）
成窑五彩花囊一件（木座蓋無頂）
五彩花囊一件（銅膽木座）
哥窑獸面雙環罐一件（木座）
黄磁罐一件（木座）
萬窑白地青雀鳥花罐一件（銅膽）傳
旨交唐英各照樣配蓋一件其罐等不必持去另畫樣帶
去仍將罐等持進在原處陳設欽此
於本月十四日司庫白世秀將
填白花罐等二十二件隨木座銅膽等持進交訖
初一日司庫白世秀來説太監胡世傑交

萬窑五彩花囊大小二件（銀膽木座）
黄磁罐一件（木座）傳
旨着交唐英各照樣配蓋一件其花囊與罐不必持去另
畫樣帶去仍將花囊與罐交進欽此
於本月二十四日司庫白世秀將
萬窑五彩花囊等三件隨木座銀胎等件持進交訖
初二日七品首領薩木哈來説太監胡世傑張玉交
宣窑青龍白地罐一件
宣窑青花白地花囊一件（銅膽）
青花白地高足罐一件
宣窑青花白地花囊一件（銅膽）
成窑五彩菊罐一件
成窑五彩荷花罐一件
成窑五彩罐一件
青花白地雙鳳罐一件
宣窑白地青江牙海水花囊一件（銅膽）
白地青人物罐一件
青花白地罐一件（俱隨木座）
霽青嘉窑罐一件（錫膽）
成窑青花白地罐一件（銅膽）
正窑青花白地罐一件
萬窑青花白地罐一件（銅膽）
嘉窑青花白地大罐一件（俱隨木座）
宣窑青花白地花囊二件（隨膽木座）
成窑青花白地花囊一件（隨膽木座）
宣窑青花白地豆一件傳
旨着交唐英各照樣配蓋一件其罐與花囊不可持去另
做樣帶去仍將罐與花囊在原處陳設欽此
於本月十五日太監王保住將
以上之罐與花囊等二十件俱持赴原處交訖
初二日太監王炳來説太監胡世傑交
萬窑青花白地小罐一件（隨膽木座文錦匣）傳
旨着交唐英配蓋一件其罐不必持去另做樣帶去仍將
小罐在原處陳設欽此
於閏七月十六日太監陳永福將
萬窑青花白地小罐一件隨膽木座文錦匣持去
訖
初四日司庫白世秀來説太監胡世傑交
青花白地豆二件（隨膽一件）傳
旨着交唐英各照樣配蓋一件其豆不可持去另做樣帶
去仍將豆在原處陳設欽此
於本月十四日司庫白世秀將
青花白地豆二件隨膽一件持進交訖
初五日司庫白世秀來説太監胡世傑交

青花白地磁豆一件傳
旨着交唐英配蓋一件入在新交磁器樣内筭一樣燒造
隨大運送來欽此
於十四年五月初四日司庫白世秀將
青花白地磁豆一件配得磁蓋持進交太監胡世傑呈
進訖
初五日司庫白世秀來説太監胡世傑交
冬青拱花缸一件(木座)
均釉元罐一件(錫膽)傳
旨着交唐英照樣各配蓋一件其缸罐不可持去另做樣
帶去欽此
於十四年五月初四日司庫白世秀將
冬青拱花缸一件均釉元罐一件各配得磁蓋持進交太監胡
世傑呈
進訖
初五日司庫白世秀來説太監胡世傑交
宣窑青花白地豆二件(俱隨木座)傳
旨着交唐英各照樣配蓋一件其豆不可持去另做樣帶
去仍將豆在原處陳設欽此
於本月十五日首領劉存志將
宣窑青花白地豆二件隨座持去訖
於十四年五月初四日司庫白世秀將九江關送到
磁蓋二件交該處領去訖
於閏七月初五日司庫白世秀將爐均釉花囊一件
持進交太監胡世傑呈
覽奉
旨着交唐英照樣配蓋一件其花囊不可持去另做樣帶
去欽此
十二日司庫白世秀來説太監胡世傑交
嘉窑青花白地花囊一件(木座蓋玉頂)傳
旨着交唐英照樣配蓋一件其花囊不可持去另做樣帶
去花囊仍在原處陳設其木蓋玉頂有用處用欽此
於本月十四日司庫白世秀將
嘉窑青花白地花囊一件持進交訖
十四日委主事常裕來説
御前侍衛兼副都統德保奉
旨着唐英照吉葆所做之氈做二十塊欽此
十四日司庫白世秀來説太監胡世傑交
青花白地有蓋撞罐一件(隨紫檀木座)傳
旨着交唐英照樣燒造算冠架用不必落款算一樣隨大
運呈進欽此
於十四年五月初四日司庫白世秀將燒造得
青花白地有蓋撞罐一件隨大運呈

進訖

八月(江西)

十二日司庫白世秀來説太監胡世傑交

青花白地罐一件(木座)傳

旨着交江西照樣配蓋一件欽此

於十四年六月二十四日司庫白世秀達子將江西唐英燒造得

青花白地蓋罐一件隨青花白地罐一件木座持進交太監胡世傑呈

進訖

十一月(江西)

二十四日司庫白世秀七品首領薩木哈來説太監胡世傑交

成窑青花白地罐一件(隨木座)傳

旨着交江西照樣配蓋一件欽此

二十七日司庫白世秀達子七品首領薩木哈來説太監胡世傑傳

旨與怡親王德保此次唐英呈進磁器仍係舊樣爲何不照所發新樣燒造進呈將這次呈進磁器錢糧不准報銷着伊賠補欽此

二十八日司庫白世秀達子七品首領薩木哈將唐英燒得上色呈樣罇瓶罐等共一百二十七件上色呈樣盤碗鐘碟等共二百二十四件上色裝桶罇瓶罐等共四百六十七件上色裝桶盤碗鐘碟等共四千七百三十八件持進交總管劉滄洲呈覽奉旨將冬青馬掛瓶一對霽青天球瓶一對象耳四季菊花瓶一對留下其餘俱交司房欽此(記事録)

十二月(江西)

二十七日司庫白世秀來説太監胡世傑交

青花白地花澆一件(木座)傳

旨着交江西照樣配蓋一件欽此

於十四年三月初十日員外郎白世秀將配得蓋花澆一件持進交太監胡世傑呈

進訖

乾隆十四年

二月(江西)

初九日司庫(白世秀達子)來説太監胡世傑傳

旨江西現燒觀音瓶並所傳燒造之物俱各急速趕做送來欽此

五月(九江關)

二十一日司庫(白世秀達子)來説太監胡世傑傳

旨着照芰荷香現有掛瓶畫秋花掛屏樣呈覽准時交唐

英燒造掛屏三對在生秋亭建柱上掛二對柱子上掛
一對欽此
於六月初二日司庫白世秀將畫得
秋花瓶樣大小二張持進交太監胡世傑呈
覽奉
旨照樣准做交懋勤殿寫詩得時交唐英按大樣燒造一
對照小樣燒造二對欽此
於十五年八月十一日司庫白世秀將江西送到
秋花掛屏三對持進交太監胡世傑呈
進訖

六月(江西)

三十日司庫白世秀來說太監胡世傑傳
旨着唐英將霽露瓶多燒些送來欽此

七月(江西)

初一日司庫白世秀達子來說太監張永泰交
青花人物白地罐一件(隨烏木座)傳
旨着交唐英照罐花樣款式燒造蓋一件欽此
於十二月二十二日員外郎白世秀將江西送到
青花人物白地罐一件隨烏木座係配得蓋持進交太監胡世
傑呈
進訖
初二日司庫白世秀達子來說太監胡世傑交
宣窑雙龍花囊一件(底缺隨木座銅膽)傳
旨將花囊交唐英照樣配蓋其銅膽做材料用欽此
於十二月二十二日員外郎白世秀將江西送到
宣窑雙龍花囊一件隨木座係配得蓋持進交太監胡世傑呈
進訖
初五日司庫白世秀太監總管王長貴傳旨着傳與
三處織造並各處鈔關如進寶座時隨坐褥件不要迎
手靠背欽此(記事録)
初六日司庫白世秀來說太監胡世傑交
青西番花白地罐一件(隨紫檀木座)傳
旨着交唐英照樣配蓋欽此
於十二月二十二日員外郎白世秀將江西送到
青西番花白地罐一件隨紫檀木座係配得蓋持進交太監胡
世傑呈
進訖

九月(江西)

三十日七品首領薩木哈來說太監胡世傑交
青花白地壯罐一件傳
旨着交江西配蓋欽此
於十五年五月初三日員外郎白世秀將
青花白地壯罐一件配得磁蓋持進交太監胡世傑呈
進訖

十一月（江西）
二十二日員外郎白世秀來説太監胡世傑交
龍泉拱花圓罐一件
龍泉拱花八方罐一件
宣窑白地青串枝蓮花罐一件
填白採蝶花囊一件
大觀釉罐一件（俱隨新配蓋）傳
旨此蓋俱各配的不像着將罐發往江西照様另配蓋
欽此
於十五年五月初一日將江西送到
龍泉拱花圓罐等五件俱配得蓋持進呈
進訖
十二月（江西）
二十五日員外郎白世秀來説太監胡世傑交
成窑五彩罐一件（隨銅膽木座）傳
旨着交江西照様配蓋欽此
於十五年五月初一日將江西送到
成窑五彩罐一件配得蓋持進呈
進訖

乾隆十五年

四月（江西）
二十二日員外郎白世秀司庫達子來説太監胡世
傑交
宣窑青苓芝罐一件
宣窑白地青蕉葉瓶一件
宣窑白地青异獸罐一件
宣窑白地青龍罐二件
宣窑白地青葡萄罐二件
宣窑白地青四季花罐二件
成窑白地青花罐一件
嘉窑甜白鳳方罐一件（俱隨木座）傳
旨着交江西配蓋欽此
於十二月初八日將九江關送到
配得蓋磁罐等十件持進交太監胡世傑呈
進訖
七月（江西）
十二日員外郎白世秀來説太監胡世傑傳
旨唐英上年所進磁器内選出缺釉毛邊足破甚多明係
爾離任將脚貨選入上色希圖朦混將選出釉水不全

等磁器數目不准報銷着伊賠補再傳與回子知道以後選上色磁器務要細心辦理不可疏忽欽此

十二月(江西)

二十一日員外郎白世秀來説太監胡世傑交青花白地壯罐一件(隨木座有璺)傳

旨着交江西照様配蓋欽此

於十六年九月初二日七品首領薩木哈將配得蓋青花白地壯罐一件隨木座持進交太監胡世傑呈

進訖

二十八日員外郎白世秀來説太監胡世傑交宣窑五彩花囊一件(錦匣木座)傳

旨着交江西配蓋欽此

於十六年十一月初九日七品首領薩木哈將宣窑五彩花囊一件隨木座配得蓋持進交太監胡世傑呈

進訖

按乾隆十五年春暮唐英奉調赴廣東粤海關任前後交接遺留不清故此處粤海關另起記述

十二月

初六日員外郎白世秀來説太監胡世傑傳旨着做長一丈五尺案一對長一丈六尺案一對先畫様呈覽准時交粤海關成做算進貢欽此(粤海關)

於本月二十二日員外郎白世秀將畫得大案做様二張上貼黄簽面寬一丈六尺高三尺進深二尺一張寬一丈五尺高三尺進深二尺一張特進交太監胡世傑呈覽奉旨照様准着粤海關成做紫檀木大案二對欽此

十二月(唐英進貢)

十二月二十六日滄洲傳旨唐英所進之紫檀木寶座一張案一張鐵花燈四對著伊家人送往圓明園總管查收欽此(雜檔)

乾隆十六年

正月(粤海關)

初三日首領孫祥來説太監胡世傑傳

旨從前准太進過風琴鐘上玻璃元珠因呈進時損壞着劉山久代去賠做至今未見呈進着海望寄信查問欽此

於閏五月初二日據粤海關監督唐英來文内稱查前撫部院准太管關内所

進之玻璃球係外洋夷人携帶進廣原有一對當經選一完固無損者恭

進尚存一個於穿口處略有驚裂嗣因原進者損壞奉

旨行文賠做歷經前任管關部院傳諭外夷照様携帶總

無帶有來粵又未敢將原存驚裂者輕率呈
進是以遲滯至今兹復奉
旨查問遵將現在原存略有驚裂之玻璃球一個俟本年
水運
萬壽貢品進京一併附送其是否堪以恭
進尚希裁酌等來等語本日員外郎白世秀進内交太
監胡世傑口
奏奉
旨准其送進京來欽此
十一日員外郎白世秀來説太監胡世傑傳
旨西洋水法房内寶座裝修掛閤等件着畫樣交粵海關
用紫檀木成做其綉活亦畫樣交蘇州綉做欽此
於又五月二十四問過員外郎白世秀説西洋人郎世寧説俟樣得時再交該處辦造

五月

十五日員外郎白世秀來説奏事太監總管王世貴
等傳
旨粵海關唐英五月節貢爲何不進着問明回奏(行文)

六月

十六日員外郎白世秀催總德魁將管理九江關税
兼管窑廠事務惠色恭進上色呈樣罇瓶罐等共五十
八件上色呈樣盤碗鐘碟等共三百二十六件上色裝
桶罇瓶罐等共六百三十件上色裝桶盤碗鐘碟等共
六千三十六件持進交太監胡世傑呈覽奉旨着交圓
明園欽此(記事録)
於本月十八日着柏唐阿那福送往圓明園交司房收訖

七月(粵海關)

初五日員外郎郎正培等奉
旨着内大臣海　將郎世寧所進各色小石樣發給唐英
廣東澳門所有照此樣大石頭着人急速送來欽此
計石樣十三塊西洋書子一封
初六日員外郎白世秀達子來説太監胡世傑交表
四件傳旨將表交與德　永查若是唐英進的便罷若
是正貢係買辦向來買辦俱是頭等如何買此三等表
着按三等例核減欽此
於本月初七日奴才德永遵此查得唐英所進洋表
四件乃係採辦萬壽正貢用過價銀一百十二兩七錢
四分奴才等優思辦貢物理宜揀選頭等品物恭進今
唐英所辦洋表四件實係三等殊屬不合應將用過價
銀内按三等例核減銀七十五兩一錢六分着落唐英
賠補外其餘一切正貢物品俱詳加照例查核俟查核
完時另行奏聞等因繕摺員外郎白世秀達子持進交
太監張玉胡世傑轉奏奉旨知道了再唐英不肯買西
洋上好物件恭進怕糜費錢糧着德永申飭唐英嗣後

務必着採買些西洋大鐘大表金綫銀綫並京内少有
西洋希奇物件買些恭進不可存心少費錢糧欽此（記
事録）

七月（九江關）

初七日筆帖式姱色持來掌儀司漢字文一件内開
禮部
奏准玉泉新建龍神廟一座其致祭品用
製帛一件
白磁爵三件
簠簋各二件
籩豆各十件（行文）
怡親王准行遵此回明
内大臣海　承恩公德　員外郎（白達）　准行
記此

九月

初八日員外郎白世秀來説總管劉滄洲交九江關
惠色十五年分磁器内
霞（通瑕裂紋）破琢器四十件圓器一百六件
毛邊圓器七百二十八件
口破琢器八件圓器十二件
胎破琢器二件圓器十四件
足破琢器五件圓器一百六十九件
吊釉琢器五十三件圓器八十七件
耳破琢器二件
黄册二本傳旨着交王大人俱不准其報銷錢糧就
在原來黄册上標寫發去欽此（記事録）

十一月（江西）

初十日員外郎白世秀來説太監胡世傑交
青花白地磁罐一件（隨銅膽木座有璺處）　傳
旨着交江西配蓋欽此
於十七年十一月十三日員外郎白世（秀）將江西官窑務
惠色送到
青花白地磁罐一件隨銅膽木座配得磁蓋持進交太監胡世
傑呈
進訖
十二日員外郎白世秀七品首領薩木哈來説太監
胡世傑交
均釉磁面六十八斤八兩（渣子二兩）　傳
旨將此磁面交與唐英做胎骨不許添減要上好均釉要
盂缸款式燒造缸一口欽此
十五日七品首領薩木哈來説太監胡世傑
交青花白地天球罇一件（隨木座銅膽有璺二處）
傳
旨着交江西配蓋欽此

於十七年十一月十三日員外郎白世秀將江西官窑務惠色
送到
青花白地天球罇一件隨木座銅膽配蓋持進交太監胡世
傑呈
進訖

十二月(江西)

初四日七品首領薩木哈來説太監胡世傑交
青龍白地磁托盤二件
銅盤二件(重十一兩)傳
旨將磁托盤交唐英配磁爵二件其銅盤毁銅用欽此
初十日員外郎白世秀催總德魁來説太監胡世
傑交
各式盤碗鐘碟合九件(隨尺寸數目摺片)傳
旨交江西各按盤碗鐘碟合大小樣款摺片上數目照蓮
花鐘上花樣顔色燒造蓮花盤碗鐘碟合其螺螄合上
照蓮花鐘蓋一樣配蓋欽此(行文)
於十七年五月二十九日員外郎白世秀將江西官窑務惠色
送到
原樣各式盤碗鐘碟合九件照尺寸數目造得洋彩蓮花碗大
二十六件五寸盤二十八件蓮花螺師合二件三寸碟六件
蓮花鐘四件持進交太監胡世傑呈
進訖

十六日員外郎白世秀催總德魁來説太監胡世
傑傳
旨惠色所進洋彩瓶壺蓋鐘蠟阡等件燒的俱各平常此
係惠色不懂燒造磁器又不用心故致粗糙着怡親王
等申飭欽此(行文)
二十二日承恩公德　來説太監胡世傑傳
旨粤海關所進之燈俱係銅寶蓋銅足但時值錢價銅價
昂貴如用銅做燈寶蓋邊足以致糜用銅斤嗣後不必
用銅做燈寶蓋邊足再十三年内曾降諭旨如無頒發
式樣不許將俗氣活計做來呈進今唐英進來紫檀木
桄榔書架三項活計俗巧者將原物駁回欽此
於十七年二月初五日　和碩怡親王(臣)等和碩
謹親王(臣)等謹
奏爲遵
旨事乾隆十六年十二月二十二日據粤海關監督唐英
呈報黄册二本奉
旨着交造辦處查核欽此欽遵臣等查得黄册内除紫檀
木桄榔木書架三對遵旨駁出工料銀兩不准開銷外
據唐英册内呈報洋花大絨洋金銀綫等查造辦處並
無比較之項無憑查核其自鳴鐘推(掛?)鐘桄榔竹
式玻璃燈古銅鎏金玻璃燈等四項所用工料銀兩比

較相符無庸核減外至册報紫檀木錦地傳古大櫃番
草書桌椅子海棠式香几掐絲小香几玻璃小插屏洋
表洋油畫等八項所用工料並水陸運費包裹共銀三
千七百五十二兩一錢七分(臣)等比較查核應減銀
四百二十八兩九錢五分三厘著落該監督唐英照數
賠補不准報銷謹將所用工料及運費銀兩核減清單
一併恭呈
御覽爲此謹
奏　於本日交奏事太監奏祿轉
奏奉
旨知道了欽此(記事録)
於二月初八日興德行文訖

十二月(粵海關唐英進貢)

二十二日滄洲曹進孝交來粵海關唐英進掐絲小
香几一對桄榔竹式磨花玻璃燈八對古銅流金玻璃
燈八對紫檀番□書桌一對琉璃小插屏二十座紫檀
書桌一對書格一對着伊差人送至圓明園交與總管
查收欽此

二十二日唐英進貢内駁回未收漢玉一匣三獅一
件白玉雙魚花插一件夔龍佩一件梅鳳花樣一件梅
花洗一件青緑甘露瓶雙耳爐一件掐絲瓶一件(雜録
檔)

二十六日七品首領薩木哈來説太監胡世傑交
青地紅花破蓋一件　傳
旨着交唐英照樣燒造一件欽此
於十七年十二月二十一日員外郎白世秀將九江關監督唐
英送到
青地紅花磁蓋一件並原樣破蓋持進交太監胡世傑呈
進訖

乾隆十七年

二月(江西)

十七日員外郎白世秀來説太監胡世傑傳
旨從前傳過無款甘露瓶並壯罐多燒造些不必隨大運
送來如何此二樣燒造的甚少著交江西急速燒造無
款甘露瓶五十件壯罐五十件有款御製詩掛瓶二十
對送來不必隨大運欽此
於七月十五日員外郎白世秀將江西管窑務唐英送到
青花白地壯罐二十件白地紅花甘露瓶二十件洋彩御製詩
掛瓶三對持進交太監胡世傑呈
進訖
於本年十二月二十一日員外郎白世秀將九江關監督唐英
送到

青花白地壯罐十六件紅花白地甘露瓶二十件洋彩詩意掛
瓶五對俱持進交太監胡世傑呈
進訖
於十八年八月初六日員外郎白世秀將九江關唐英送到
青花白地壯罐十件甘露瓶四件洋彩詩意掛瓶八對持進交
太監胡世傑呈
進訖
於十八年十一月二十五日員外郎白世秀將九江關監唐英
送到
甘露瓶六件壯罐四件掛瓶四對持進交太監胡世傑呈
進訖

四月（江西）

初十日員外郎白世秀達子來説太監胡世傑傳
旨萬壽山扇面房後墻扇面式窗户着瓌錦邊兩空内貼
字書亦瓌錦邊先書樣呈覽再書掛瓶樣呈覽准時交
唐英燒造欽此
於本月十四日員外郎白世秀將畫得
扇面房内扇式掛瓶樣一件持進交太監胡世傑呈
覽奉
旨着添邊骨形面子分高矮做成要像打開扇子一樣
欽此
於本月十六日員外郎白世秀將畫得
添邊骨打開扇式掛瓶紙樣一張持進交太監胡世傑呈
覽奉
旨照樣准做扇面上書四季花樣呈覽欽此
於本月二十日員外郎白世秀將畫得
四季花卉扇式掛瓶紙樣四張持進交太監胡世傑呈
覽奉
旨照樣各做二件欽此
於本年十二月二十一日員外郎白世秀將九江關監督唐英
送到
四季花卉扇面式磁掛瓶四對隨紙樣四張持進交太監胡世
傑呈
覽奉
旨着配絲子靶圈在萬壽山扇面掛欽此
乾隆十七年四月二十五日奴才海〔望〕謹
奏爲請
旨事據前任粵海關監督唐英來文内開竊照粵海關每
年承辦
貢進方物並解京運費以三萬兩爲率查前督碩色
任内自乾隆十四年十二月二十六日起至十五年
三月二十日止承辦端陽
萬壽貢品二次及奉
傳辦活計並解京運費共支用過銀九千六百六十八兩
八錢零唐英自六月初三日接管至十二月二十五日

止應辦年燈
貢品所有奉
傳辦造紫檀龍櫃等件支用過銀六十七兩五錢零以上
通共用過銀九千七百三十六兩三錢零節省銀二萬
二百六十三兩六錢零照例解交尚書海(望)查收之
處繕摺具
奏奉
朱批知道了欽此欽遵解交前來查十五年粤海關監督
岳濬管關六個月零十八日辦過貢品二次以節省過
銀六千六百兩零曾經奴才
奏請奉
旨着交造辦處欽此欽遵己交在案今此次解到節省銀
二萬二百六十三兩六錢零應交何處伏候諭旨遵
行謹
奏請
旨等因交總管奏事太監王常貢等轉
奏奉
旨着交劉滄洲銀二萬兩其餘銀二百六十三兩六錢零
交造辦處欽此 (雜事檔)
本日將原奏摺底抄交庫守景福辦理訖

七月(江西)

初六日員外郎白世秀來説太監胡世傑交青花白
地壯罐一件傳
旨着交江西照樣配蓋欽此
於十八年八月初六日員外郎白世秀將江西送到
青花白地壯罐一件配得蓋持進交太監胡世傑呈
進訖
初九日員外郎白世秀來説太監胡世傑交冬青拱
花罐一件
成窑五彩罐一件傳
旨着交江西各照樣配蓋欽此
於十八年八月初六日員外郎白世秀將江西送到
冬青拱花罐一件成窑五彩罐一件各配得蓋持進交太監胡
世傑呈
進訖
十四日員外郎白世秀來説太監胡世傑交冬青罐
一件(隨木座銅膽)傳
旨着交江西配蓋其銅膽做材料用欽此
於十八年八月初六日員外郎白世秀將江西送到
冬青罐一件配得蓋持進交太監胡世傑呈
進訖

九月(江西)

二十三日員外郎白世秀達子來説太監胡世傑交
青花白地豆一件(隨木座)傳

旨着交江西照樣配蓋欽此

於十九年十月十三日員外郎白世秀將九江關唐英送到

青花白地豆隨座配得蓋持進交太監胡世傑呈

進訖

九月(記事録)

十七日筆帖式六十三持來漢字文一件内開爲

太常寺爲知會事准禮部文稱准會典館單漢字移

稱十七年七月十六日本館覆進禮部祭統會典内常

雩典内奏片二件内開謹按

天神

地祇

太歲

社稷三復不雨乃大雩於

圜丘臣等恭擬前祀一日舉行

大雩遺(遣)官祈告於

太廟似爲周備伏候

皇上訓示又謹按

神祇壇本無專祀惟祈雨則告祭於壇向不奏樂自乾隆

七年始議定增設樂章伏思一切告祭之禮均不作樂

而祈雨告祭獨用樂似未盡一至甘雨霑足報祭各壇

僅用酒菓醢醢與祈告相同又似與報祭之禮未稱臣

等謹擬各壇告祭停止作樂至報祭時均應加籩豆

牲牢

神祇壇增設樂章用於報祭如此一轉移間則告祭之儀

不致互异而報祭之典亦昭隆盛矣是否有當

(臣)等

恭請

皇上訓示俱奉

旨知道了欽此欽遵到部相應行文太常寺一體遵照等

因前來恭查

天神

地祇兩壇向無額祭如遇祈雨只以鹿兔菓酒告祭故無

簠簋等項祭器物件今既經奏准甘雨霑足報祭時

應加籩豆牲牢而

天神壇

地祇壇似應添設祭器各一分相應將添設祭器物件數

目開列粘單移咨内務府作速按數製造務於年底送

寺以備應用可也等語啓

怡親王准行遵此回明

内大臣海望

承恩公德

員外郎白世秀達子准行記此

粘單計開

天神壇一案

黃竹籩十件
白磁豆十件
白磁簠二件
白磁簋二件
白磁登一件
白磁鉶二件
白磁毛血盤三件
白磁爵十二支
地祇壇七案
黃竹籩七十件
白磁豆共七十件
白磁簠共十四件
白磁簋共十四件
白磁登七件
白磁鉶共十四件
白磁毛血盤共二十一件
白磁爵八十四支
於十八年正月二十日員外郎白世秀將九江關監
督唐英送到
天神壇祭器一案
地祇壇祭器七案並備用祭器蘇州織造安寧送到
黃竹籩八十件備用八件俱持進交太監胡世傑呈
覽奉
旨知道了欽此
於十八年四月初五日筆帖式六十三特來總管內
務府謹
奏爲查參事處
養心殿造辦處咨呈乾隆十七年九月十四日由內
務府抄出太常寺文開爲
天神
地祇兩壇向無額祭如遇祈雨只以鹿兔菓酒告祭故無
簠簋等項祭器物件今經奏准甘雨霑足報祭時應
加籩豆牲牢而
天神
地祇壇似應添設祭器各一分開列粘單咨內務府作速
製造等因抄出本造辦處於本年九月二十七日行文
江西燒造瓷器監督唐英燒造
天神壇一案白瓷豆登等項三十二件
地祇壇七案白瓷豆登等項二百二十四件蘇州織造安
寧成造黃竹籩八十件在案今於乾隆十八年正月內
將傳造祭器造送來京本造辦處隨將祭器呈
覽行文太常寺派員領取據太常寺以奉
旨照舊祭祀不必添造業經知會內務(府)無庸領取等
因相應移送內務府將此項祭器並所用錢糧如何辦

理之處統候辦理等因前來　查前項祭器於上年九
月十四日接准太常寺來文隨交造辦處行令該處成
造嗣於十月十五日復准太常寺來文奉
旨照舊祭祀不必添造欽此等因知會到（臣）衙門是值
班掌稿筆帖式上行走八品官羅恭筆帖式永福並未
檢查從前行令成造之原文係交何處承辦祇以事關
禮儀隨交掌儀司並未交造辦處而掌儀司抄出後將
不應該司承辦之處既未赴堂聲明又未詳細查明轉
行知會以致造辦處無憑行令停造均屬不合請將貽
誤此案之（臣）衙門掌稿筆帖式上行走八品官羅恭
筆帖式永福該司官員等交該處查議外此項祭器既
已造送來京請仍著造辦處收貯其動用過錢糧不准
開銷俟唐英安寧報銷到日照數著落掌稿筆帖式上
行走八品官羅恭等勒限分賠給祭各該處可也爲
此謹
奏請
旨等因繕摺於乾隆十八年四月初四日具
奏奉
旨依議欽此

十月（江西）

十六日員外郎白世秀達子來説總管王常貴交
御製詩四套傳
旨着賞唐英嗣後燒造瓷器應用詩之處即用此詩揀選
燒造不必用樂善堂詩文欽此

十一月（江西）

初五日太監羅會齊來説太監胡世傑交
青花白地磁罐一件傳
旨着交江西配蓋欽此
於十九年十月十三日員外郎白世秀將唐英送到
青花白地磁罐一件配得蓋持進交太監胡世傑呈
進訖
初六日員外郎白世秀來説太監胡世傑交木茶吊
樣二件（隨書本文十六張詩八首）傳
旨着交唐英用此詩畫照此木樣各燒造磁茶吊八件
欽此
於十八年十一月二十五日員外郎白世秀七品首領薩木哈
將九江關監督唐英送到
磁茶吊八對持進交太監胡世傑呈
進訖
初七日員外郎白世秀達子來説太監胡世傑傳
旨將造辦處舊有磁缸四口着挑好些樣款一件交唐英
照樣燒造四件欽此
於本月十九日員外郎白世秀來説太監胡世傑交
青花白地菓洗一件（隨紫檀木架座）傳

旨着交江西照樣燒造八件其座子造辦處即成做俟菓
洗得時座子亦要得欽此
於本月二十二日柏唐阿那春將
青花白地菓(洗)一件底上貼得大清乾隆年製款
樣持進交太監胡世傑呈
覽奉
旨將做的八件俱照此款樣或用楷字或用篆字之處着
唐英酌量燒造欽此
於十八年十一月二十三日七品首領薩木哈將江西唐英
送到
青花白地菓洗四件持進交太監胡世傑呈
進訖
於十九年十月十三日員外郎白世秀將江西唐英送到
青花白地菓洗一件照樣燒造得四件持進交太監胡世傑呈
進訖
二十一日員外郎白世秀來說太監胡世傑傳
旨天穹殿現安香几上着唐英燒造天青地磁五供一分
先畫樣呈覽准時發去欽此
於十二月十三日員外郎白世秀將畫得放大磁五
供紙樣一張
畫花紋紙樣一張持進交太監胡世傑呈
覽奉
旨照樣准做現安香几一分三樣著改配成三分俱要欄
杆其磁五供亦燒造三分俱要大清乾隆年製款得時
各配木座欽此
於十八年七月二十日員外郎白世秀達子爲做
香几十件討用楠木繕寫摺片持進交太監胡世
傑轉
奏奉
旨准向内務府大臣三和要欽此
於十九年十一月二十四日員外郎白世秀將唐英
燒得
天青磁五供三分並造辦處改配得
紅油香几十五件持進安在
養心殿呈
覽奉
旨將匙筯瓶内各配鋼炕老鸛翎匙筯一分蠟阡上各配
鋼炕老鸛翎蠟信其香靠炷香蠟仍用舊的得時在天
穹殿欽安殿大高殿各供一分趕年内換供欽此

十二月

(按自二十一日後本年記事録模糊缺字不能卒讀
故從略)

乾隆十八年

三月

初三日員外郎達子來説太監胡世傑傳旨照先做
過紫檀木茶具一樣成做茶具一分隨竹爐着在京内
成做欽此
於本月初四日員外郎白世秀來説太監胡世傑傳
旨照從前傳做茶具内宜興壺茶葉罐着南邊照樣做
一分青花白地菓洗着江西先傳做茶具内菓洗燒造
一件欽此（記事録）
於十九年十月十三日員外郎白世秀將江西唐英送到青花
白地菓洗一件持進交胡世傑呈進訖

五月（江西）

……筆帖六十三持來堂抄一件内開太……堂
……恭查
社稷壇祭祀向例應用黄磁罐二個今會典館
准
社稷壇祭祀應用黄磁罐四個等因交出到寺相應移咨
……内務府轉交造辦處作速照式製造黄磁罇……
個送寺以備本年秋季應用等語啓怡親王准行遵此
回明
内大臣海
承恩公德
乾清門侍衛永
員外郎西達子白世秀准行記此
十二日員外郎白世秀來説胡世傑傳
旨着江西燒造鬪龍舟打觔斗人轉旋瓶一件欽此
於十九年十一月初四日七品首領薩木哈將江西唐英送到
洋磁轉旋瓶一件持進交太監胡世傑呈
進訖
二十一日員外郎白世秀來説太監胡世傑交
嘉窑青花白地茶鐘一件　傳
旨着交江西照樣燒造十一件欽此
十九年十月十三日員外郎白世秀將唐英送到
嘉窑青花白地茶鐘一件照樣燒造得十一件持進交太監胡
世傑呈
進訖

六月

二十五日員外郎白世秀來説太監胡世傑傳旨着
傳與唐英辦做長二丈寬一丈五尺紅氈二十條欽此
（記事録）

八月（江西）

初十日太監施良棟來説太監胡世傑交

青鳳白地罐一件（隨膽座）
定窑罐一件（隨膽座）傳
旨着交唐英配蓋欽此
於十九年十一月二十五日員外郎白世秀將
磁罐二件配得蓋持進交太監胡世傑呈
進
初十日員外郎白世秀來説太監胡世傑交
定磁罐一件
青花白地花囊一件
青花白地花囊一件
紅花白瓷花澆一件
均窑花囊一件（俱隨座）傳
旨着交唐英配蓋欽此
於十九年十一月二十五日員外郎白世秀將磁罐二件花囊
二件與得磁蓋持進交太監胡世傑呈
進訖
十四日員外郎白世秀來説太監胡世傑交
嘉窑霽青花囊一件（花梨木座）
宣窑青花白地花囊二件（俱紫檀木座）
青花白地豆一件（紫檀木座）
宣窑青花白地小罐一件（花梨木座）
無款青花白地囊二件（漆座）
□呆釉執壺一件（此檀木座）
緑磁元花囊一件（紫檀木座）
無款青花白地執壺一件（紫檀木座）
宣窑青花白地執壺一件（花梨木座底有璺）
無款青花白地執壺四件（内三件紫檀木座一件花梨木座）
白磁執壺一件（紫檀木座）
白磁花囊一件（紫檀木座）傳
旨俱交江西配蓋欽此
於十九年十一月二十六日員外郎白世秀將
宣窑嘉窑花囊十七件各配得磁蓋持進交太監胡世傑
進訖

十一月（江西）

初三日員外郎白世秀來説太監胡世傑交五彩磁
天字罐一件（隨木座）傳
旨着交江西配蓋欽此
於十九年閏四月十八日員外郎西寧將江西官窑唐英送
五彩磁天字罐一件隨木座配得磁蓋持進交首領張玉呈
覽奉
旨座下刻乙字交進欽此
於十九年十月十二日員外郎達子將
五彩天字磁罐一件隨座刻得乙字持進交訖

乾隆十九年

二月(江西)

初七日員外郎白世秀來說太監張永泰傳旨從前交江西做樣燒造大運內磁渣斗一件着先送來京欽此

於閏四月十八日員外郎西寧將江西管窑務唐英送到青花白地渣斗一件持進交首領張玉呈進交茶房收訖

閏四月(江西)

十八日員外郎西寧來說首領張玉傳旨敬膳齋菓洗一件交江西做樣至今未見送來着問唐英欽此

十九日太監郭祥來說奏事總管王常貴交九江関監督唐英呈

進磁扇式挂瓶二對

磁文王鼎瓶盒一分(隨香几)傳

旨着唐英家人送往熱河交總管阿彌勒圖欽此

九江關監督唐英進貢

乾隆十九年九月二十八日奉旨九江關監督唐英所進三元轉旋瓶一件磁製開其里四匣轎中爐瓶三事二分長春太極瓶一對霽紅僧帽壺一對着伊差人

二十五日員外郎白世秀來說首領張玉傳

旨照燒過御製詩茶吊樣款再燒造八對要紅花紅字白地茶吊四對青花青字白地茶吊四對欽此

於十九年十月十三日員外郎白世秀將九江關監督唐英送到

木茶吊樣二件照樣燒造得八對持進交太監胡世傑呈

進訖

十二月(江西)

初四日員外郎白世秀來說首領張玉交

填白僧帽壺一件(三等)傳

旨着發往江西交唐英配蓋欽此

於十九年十一月二十六日員外郎白世秀將填白僧帽壺一件配得磁蓋持進交太監胡世傑呈

進訖

二十一日七品首領薩木哈來說太監胡世傑交

龍泉釉花囊一件(隨木座銅鍍金膽)傳

旨着交江西唐英配蓋其膽刮金毀銅用欽此

於十九年十一月二十六日員外郎白世秀將龍泉釉花囊一件配得磁蓋持進交太監胡世傑呈

進訖

送往京城交與内務府總管三和查收欽此（雜録檔）

本日交與唐英家人盧燦

十月

十三日員外郎白世秀將江西送到青花白地磁菓洗四件（原様一件）持進交太監胡世傑呈覽奉旨仍持出將從前進過之菓洗安在何處俱各查來一同呈覽算二等欽此（記事録）

於二十年十二月十八日員外郎白世秀將青花白地磁菓洗新舊八件持進安在養心殿呈覽奉旨着往圓明園歸入新磁器内編等欽此

十二月

初六日員外郎達子白世秀來説太監胡世傑交均釉缸貳口傳旨着交劉滄洲歸入大運一式欽此（記事録）

於本月十五日將均釉缸貳口交唐英家人送往圓明園司房收訖

二十九日員外郎白世秀來説太監胡世傑交冬青拱花獸耳罐一件（隨鍍金木座）傳旨着交唐英配様配蓋其膽做材料用欽此

於乾隆二十年十月十四日員外郎金輝副催總舒文將冬青罐一件配得蓋持進安養心殿呈覽奉旨着在春雨軒擺欽此（記事録）

於乾隆二十年十月十五日着唐英家人將冬青罐一件隨蓋送往圓明園春雨軒訖

（按此一部分記事録前後重復很亂）

乾隆二十年

三月

二十一日員外郎白世秀來説太監胡世傑交磁綉墩一件傳旨着交江西照様燒造四件得時仍在慎修思永廠亭擺欽此（記事録）

於本年十月十七日員外郎白世秀將江西送到磁綉墩四件並原様持進交太監胡世傑呈進訖

四月

二十六日員外郎白世秀來説太監胡世傑傳旨着唐英照從前燒造過三子五子瓶並今日所進的瓶等様款燒造五十件要趕七月初一日送到賞人用欽此

於七月初七日員外郎白世秀副催總舒文來説奏事總管王常貴傳旨九江關所進的三子五子瓶等並磁班指俱着本家家人送至熱河交總管富貴太監胡全忠按數查收俟敬事房人到時交給欽此（記事録）

磁器交坐京家人盧四赴熱河交訖

五月

初四日副催總舒文來説内務府大臣三和奉
旨大高殿供器着交三和暫查一分供奉仍寄信與唐英將花瓶補行燒造二件解京供奉欽此（記事録）

於乾隆二十一年四月初一日員外郎金輝將燒造得霽青花瓶二件持進交太監胡世傑呈進訖

十月

十六日員外郎金輝副催總舒文來説太監胡世傑交宣窑青花白地梅瓶一件（隨紫檀木座）傳
旨着發往江西配蓋先作樣呈覽欽此

於本月十九日首領吕進朝將青花白地梅瓶一件配得木蓋畫樣持進交太監胡世傑呈覽奉
旨照樣准燒造欽此（記事録）

於乾隆二十一年八月初七日郎中白世秀員外郎金輝將江西送到宣窑青花白地梅瓶一件配得蓋持進交張永泰呈進訖

乾隆二十一年

八月

初四日郎中白世秀員外郎金輝來説太監胡世傑交大觀壺一件（隨木座）傳
旨着交唐英配蓋欽此（行文）

於十一月初七日郎中公義穆隆阿將大觀水壺一件隨木座配得蓋持進交太監胡世傑呈進訖

乾隆二十二年

五月

初四日造辦處謹奏洋磁轉旋瓶三件因副催總五十往京内送路途自不小心將瓶目（身）破壞二處將五十重責四十板行文尤拔士照樣燒造二件其所用工料着五十賠交繕摺持進交首領張玉太監胡世傑轉奏奉
旨不必燒造賠補將五十重責四十板罰錢料一年欽此（雜録）

（按此應是唐英燒造者）

附録　陶人唐英

張發穎

唐英，我國清代雍乾之際杰出的陶瓷藝術家、詩人、戲曲作家、語言文字學家，兼擅繪畫、書法、篆刻。因其傳世著作散藏各處，且多爲收藏珍本，一般人極難見到，匯集起來殊爲不易。前些年我把唐英的著述，如詩文集《陶人心語》正續編、部分筆記詩文手稿、戲曲著作《燈月閑情》（《古柏堂傳奇》）、語言文字著述《問奇典注》、部分榷務督陶奏摺、有關陶務文字等收集起來。在當時出版條件下，只能刊出七删八砍的選本《唐英集》（遼沈書社一九九一年版），甚至一些極有史料價值的本人注解，也被删、砍，我只能心如刀絞般任其宰割。再加上當時一些檔案見不到，其榷關督陶等事情，總令人感到霧里觀花。

近幾年社會風氣一轉，人們又開始注意傳統文化。二〇〇五年，人民出版社刊出《清宫内務府造辦處檔案總匯》，我將其中有關唐英材料輯出，與前已有著述合起來，由學苑出版社出版，名爲《唐英全集》。當時認爲唐英事由於民國初年清帝出宫，清檔散佚，已盡於此。二〇〇八年，第一歷史檔案館又從所藏清檔清理出《清宫瓷器檔案全集》，由中國畫報出版社刊行，自然又有一些唐英榷務督陶文字出現。尤其已被認爲早已丢失的制瓷『則例』也在其中，此外還有一些唐英榷務督陶及與他有關其他人的一些奏摺亦出現其中。如内務府審核唐英陶務錢糧奏摺，唐英調廣東粤海關，惠色接管九江關務、陶務奏摺，不久唐英又調回九江關榷税督陶奏摺，唐英於乾隆二十一年七月二十九日於榷務任上去世，江西巡撫胡寶瑔代其子寅保寫的父親去世奏摺。這樣，對唐英於雍正元年出現在清宫内務府造辦處，雍正六年到江西景德鎮督陶，乾隆元年到淮關榷税，乾隆三年到九江關榷税督陶，乾隆十五年到粤海關榷税，乾隆十七年再到九江榷税督陶，乾隆二十一年於九江榷務督陶任上署中病逝，他的榷關督陶生涯，我們就非常清楚了。

唐英去江西督陶

唐英爲什麽去江西督陶？《清宫瓷器檔案全集》有三件關於陶務的奏摺。一是雍正三年江西布政使常德壽奏雍正皇帝面諭暗查安尚義之子『自康熙五十九年起差其家人馬自弘、楊宗、伙計俞登朝三人，每年用銀九千兩在景德鎮置買材料，雇工燒磁。所燒磁器盡行載到揚州轉送進京』，有無招摇劣迹。經常德壽密委經歷王聯芳至景德鎮地方細查，結果『歷年以來所用材料以及工匠價值俱預行給發，并無短少亦無招摇生事等』。常德壽恐訪未實，『又調浮梁縣知縣吴邦基到省細加面詢』。據稱『其到任三年以來并無招摇生事，尅扣窑户，亦無片紙到官，甚屬安静』。吴知縣還『出具印結存案』。這説明雍正皇帝别有深意，懷疑這位在景德鎮燒造磁器供應北京的安尚義及其家人伙計。

雍正四年，年希堯奉命管理淮安關務，在八月到任之後向雍正皇帝奏報到關上任摺中，説要於次年『正月初七日由臣淮安官署啓行前赴江西景德鎮查看燒造磁器』。這説明皇上已任命年希堯兼管窑務，并去視察景德鎮燒造磁器情况。果然，於雍正五年正月初七，他去了景德鎮。查視結果，他的奏報是：『查（康熙）十九年燒造磁器至二十五年工竣，已逾五載之久。而燒成磁器共得一十五萬二千餘件，動用江省錢糧銀一萬三百餘兩。若以現今之物料工價時值計之甚屬相懸』。這説明動用錢糧與燒出磁器就時值而言相差太多。因又『檢查江西藩司衙門送到印信檔案，方知彼時燒造磁器所用物料俱派自饒屬七縣公捐，匠工食用則出自各窑户幫貼，燒窑需柴薪又係窑頭公辦，甚至差員日用米蔬亦係闔省之司道等官按月輪流供給。是名雖開銷錢糧，實未予磁器之上動用分毫也。臣仰體皇上至公至明，如此科派陋弊不敢絲毫效尤。隨經行文地方官嚴行禁止，一切窑工物料并皆照時發給，惟有稽查浮冒糜費以重錢糧，并嚴飭郎中臣趙元逐一遵照』。這説明：（一）景德鎮瓷務，雖有開銷皇家錢糧記載，全是假賬。（二）燒造瓷器費用全是地方科派，皇家錢糧不知哪里去了。這説明他們在朝原議照依康熙十九年之例動用錢糧是彼時事屬盡善的清朝『聖德』，仍是元明宫廷用磁就地勒索的『惡政』。這當然是雍正皇帝難以忍受的。

在年希堯奏摺後面，附帶提到馬士（自）弘燒造酒圓，仍用『成化』年號事。年希堯奏摺說：

再者，馬士（自）弘燒造酒圓俱書寫『成化』年號。臣遵俞旨，傳喚馬士（自）弘嚴行申飭。據馬士（自）弘口稱：原係愚昧無知，惟有惶懼叩頭自行認罪。其景德鎮燒造磁器俱不許書寫明朝『宣德』、『成化』年號款。臣去歲到淮之後即遵將意旨行知江南總督、江西巡撫各衙門，欽遵奉行。臣到江西知該督撫俱經轉行嚴示飭禁。

關於景德鎮入清燒造陶瓷，仍用『明宣德、成化年號款』，我們的陶瓷研究者，從傳世瓷器中也已見到。如：上海古籍出版社刊行《中國陶瓷》就有：

康熙朝的官窑和民窑也往往書『大明宣德年制』、『大明嘉靖年制』和『大明萬曆年制』等仿前朝款。（第五五九頁）

這件事，在年希堯被任命主管淮安關務兼理窑務離京之前，從他的奏摺語氣『臣遵俞旨傳呼馬士（自）弘，嚴行申飭』，說明雍正皇帝已發現這一問題，并要年希堯到景德鎮處理這一情況。前面我們所說雍正皇帝密命江西布政使常德壽查訪安尚義使其家人馬自弘、楊宗、伙計俞登朝三人在景德鎮燒造磁器表現，就爲此事。雍正皇帝是政治家，安尚義在景德鎮燒造磁器不遵守法度雇工、買料，銀錢照付，是前朝已有情況。僅爲此事，當然不好興起政治大獄。因此年希堯早奉密旨，如無其他，低調處理。僅止取消他們在景德鎮燒造磁器，轉運北京資格而已。

日用瓷器或作爲工藝品欣賞瓷器，爲宫廷或祭祀、賞賜等所必需，這一問題必須解決。元、明，尤其明，對此，只是派如太監之類就地勒取，只是傳達皇上意旨，要窑户工匠設立『官窑』，好好燒造，至於如何燒造并不過問。入清，宫廷需用陶瓷，也是派當地如督撫巡撫兼管，再由他們派一低級官員督促當地設立官窑，只是經費規定開銷錢糧，按時燒造完成，對於如何燒造，他們不懂也管不了。但所需陶瓷，入清燒造仍落明款，使雍正皇帝不舒服，於是決心要解決這一問題。（一）他不再要地方大臣兼管。往好處說，地方督撫日理萬機，難顧及此。（二）決定由直接爲宫廷服務的内務府造辦處負責，如主管絲綢袍服的江寧織造，設立常設干員衙署。這樣，便出現了由其極爲信任的榷務關督領管辦理并動用錢糧，派干員到景德鎮常駐督陶。

唐英，自雍正元年調入內務府造辦處。好象他先在琺瑯作，作畫。畫工很好，畫的美人挂出來引起雍正皇帝注意，要他再畫一張。當時正是瓷胎畫琺瑯盛行，畫得好，是一首要條件。再説畫好後要返爐燒制，養心殿造辦處就有窑爐，當然也屬琺瑯作了。因此，唐英除了畫琺瑯而外，對於返燒這種『火中取物』的藝術當然熟悉。雖與景德鎮整窑燒瓷不同，但也算略通『火的藝術』了。雍正六年正月初四，有二十四名工匠被郎中海望辭退，其中有一些很好的工匠，爲造辦處所必需，海望此舉有些不當。內務府總管怡親王要唐英作一些補救措施。唐英以重新招募名義，又收回十三名。事情辦得妥帖，工匠、海望，尤其怡親王非常滿意，認爲他辦事干練。因此，唐英被提拔爲造辦處三把手，并膺選到景德鎮督陶的差使。唐英是一個善於學習的人，到督陶任上，一方面認真執行皇帝意旨，實行公平買賣，使自康熙以來所設想的陶務『德政』得以徹底實現，一方面以他的聰明才智，全心全意投入制瓷工藝過程當中，燒造出質量上乘的瓷器，其任職期間，使中國陶瓷事業在歷史上走上了頂峰。這一點盡人皆知，此處就不必多講了。

唐英的管理才能

在陶務管理方面，唐英認真執行康熙、雍正意旨，一心一意改變元明宫廷用瓷多派太監之類到景德鎮坐地勒取的做法，而是『工匠疾苦宜恤，商户交易宜平』。因之唐英在《陶成紀事碑記》開宗明義説：『一應工作飯食、泥土釉料，俱照時價公平採買』。此爲我們盡知。在這方面，《清宫瓷器檔案全集》，爲我們提供了一份唐英奏摺，一份陶瓷制作燒造『則例』。更使我們看出唐英的儒家理學人生觀念和卓越的管理才能。

乾隆八年，淮揚一帶發生灾荒。乾隆皇帝、督撫大臣召開了包括大學士在內的核議，作出決定：因爲灾區常平倉儲量不足，決定到年景平平的鄰省江西採買，蜂擁而至的採買，反而造成江西的荒歉。這里有一份唐英的奏摺，一千四百多字，洋洋灑灑，是一篇大的奏章。他説：

竊奴才內府微員，奉差在外，職司陶榷，誠本愚庸。地方民生之事，亦何敢妄爲干預，以蹈越俎之愆。惟胥役工匠不下數百余人，悉籍關廠以資生計。役食之支銷有定，年歲之豐歉，會常當米糧價長之時，即多饔飧不給之户，此奴才目擊現在之情形。洞悉閭閻之急遽，有不得不縷縷過慮上瀆聖聰者。

查江西於上年秋收之余，雖非大豐而亦不甚歉薄，米糧價值尚屬中平。嗣緣湖廣江南浙江福建等省，採買絡繹，以致民鮮蓋藏，米價昂貴。饒州府屬浮梁縣所管之景德鎮，以窑在彼，奴才住居八載，年歲豐歉，俱曾經而米糧每石自七八錢至一兩二三錢而止，從來未有如今歲正二月至五月初旬，每石價長至三兩三四錢不等者。至饒州南昌九江等處亦賣至二兩六七錢一石。市米日缺，竟有持錢無可買食之勢。而官倉之積貯因撥糧賑淮揚所存無幾。又於三四兩月陸續開糶，罄無儲蓄，雖撫臣多方勸糶，并設法採賣，而各處米價昂貴，終難接濟。嗷嗷比户，又不獨關廠之胥役工匠有乏食之慮也。

這就是説，淮揚荒歉，引起皇上注意。『動帑數百萬以爲賑濟之需。各省督撫見皇上如此賑濟，紛紛表示關心民瘼，起而到江西採買以備賑濟之需。鬧到今淮揚江寧安慶米價較之江廣猶爲平減。賈人惟利是趨，聞江廣米貴，於閏四月間復販往江南之米轉運至江廣販賣，其船隻過江者不下千百多艘。』因之要求皇上暫停採買之風。唐英作爲『職司陶榷』之官員，不應對地方民生説三道四，但他不避『蹈越俎之愆』，仍向皇上進長長的奏章，以申己見。在這種荒歉情況下對他的下屬『胥役工匠』，進行賑濟。動用了他可動用的陶務經費：

乾隆八年分米價昂貴，各作匠役每名每日額支飯食銀二分五厘。因不敷食用，每名每日加飯食銀五厘。自正月起至十月，共計二百九十四日……共添用過飯食銀三百九十六兩九錢。（見乾隆十五年內務府查核唐英乾隆八年瓷務用度奏摺）

正是在這一思想基礎上，他能和『胥役工匠』打成一片，作好榷税督陶工作。

再是在乾隆十二年唐英編制成『圓琢瓷器燒造製價則例』（簡稱『陶務則例』）。爲了在瓷器燒造過程中開銷有標準，泥土釉料採買公平，窑户工匠工飯合理，他向內務府報銷有據，內務府對他查核有準，於是對物料、工匠技藝、勞動用量、燒制搬運過程中的未成破損，都具體到每件瓷器在制作燒造過程中每道工序上。一件瓷器燒成，就可從其釉色彩繪、體形圓琢大小計算出它在制作燒造過程中，所耗各項物料人工折合成銀兩的成本。當時社會交易，主要以銀兩爲本位，其值比較穩定，輕易不會升值貶值，這是其容易制定的一面。以此制定的費用標準，上能經得起内務府以此爲準對他的查核；到市場上能把物料買來，商人感到公平；工匠夫役感到給錢合理。因之，我們説，這是一個了不起的、極爲科學的管理辦法。當然制定起來，難度之大可以想見。

整個《陶務則例》，總的説分三大部分。第一部分，言對如泥土、釉料、柴炭、制坯、做細、搬動、滿窑等物料、工匠人夫，如何定其價錢、工飯，如何合理攤分在每件制成陶瓷器皿之上。拿起任何一件，知其釉色、彩繪，知其圓琢尺寸就計算出其成本銀兩。第二部分，各類圓器，具體以尺爲單位定好價錢的方法。第三部分，各類琢器，具體以尺爲單位定好價錢的方法。

（一）制作燒造瓷器所需泥土釉料，匠人做坯、做細工飯，雜用人夫、柴炭、雜項器具家伙耗損，鑲方、印制刳削、錐拱、雕鏤玲瓏、畫青花，填染顔料，畫彩畫填，吹色、錐錦地，澆填爐工、澆燒爐工、燒爐工，炭價、細小琢器，共二十二條。逐條説明如何定量成銀兩的原則。如泥土：

凡各種器皿所需泥土一項，成器之後，雖有厚薄之不同，但初造水坯時，厚薄原屬相等，蓋緣各有各款，期在登樣琢磨鏇削，致有厚薄之殊。故核製價不計厚薄，止將寬長拉算尺寸。其泥土製作不同者，如大觀、哥窑、魚子紋汝釉、白定等，泥内配滑石廣料，故價較多於别種釉水之件。

再如柴價：

凡柴價一項，緣大觀釉、哥窑、魚子紋汝釉、珐瑯、均窑等器二次入窑，故柴價倍之。

再如：

凡細小琢器，如洋彩、并洋彩錦上添花之鼻烟壺等類。製造做法，較大件更爲細緻，除物料柴價炭價照例開銷外，一切工價應照例加倍，核算製價。

再如：凡雜用人夫，如乳料、搬車、挪泥、打雜、挑瓷、跟坯、厨房人夫等，故以雜用人夫字樣；凡雜項器具家伙，製造各種坯胎、應用刀銼、車盤、坯架、擱泥磚、挪泥石、淘泥缸、布紙、筆毛、匣缽、乳缽、竹木家伙、器具等項，各色不一，需用零星，故總計爲『雜項器具家伙』，列爲條目，核入尺寸制作。總計二十四條。

凡製造瓶罇缸罐盆洗爐臺等件俱名爲琢器，盤盌鐘碟爲圓器。

（二）圓器則例

每折寬一寸，長一尺，應用泥土釉料做坯做等項銀兩，逐一分晰，開列於後。（按：其説一尺，爲一寸寬一尺長之面積爲一尺。一個計算單位）

泥土

一霽青圓器每尺泥土銀一厘六毫。一魚子紋汝釉圓器每尺泥土銀四厘。

釉料

一霽青圓器每尺釉料銀七厘。一填白釉寶燒紅圓器每尺釉料銀三厘一毫。

做細工飯

一各種圓器每尺做細工飯銀五厘七毫。

雜用人夫工飯

一各種圓器每尺雜用人夫工飯銀四厘一毫。

柴價

一霽青圓器每尺柴價銀二厘五毫。一魚子紋汝釉圓器每尺二次柴價銀五厘。

雜項器具家伙

一各種圓器每尺雜項器具家伙銀九毫。

畫青花工飯

一宣窑圓器每尺畫青花工飯銀二分六厘五毫。

燒爐工價

一映青圓器每尺燒爐工飯銀八厘。一洋彩吹各色圓器每尺二次燒爐工飯銀一分八厘。

炭價

一映青圓器每尺炭價銀四厘五毫。一成窑五彩圓器每尺炭價銀一分六厘。

每件

一圓器（九寸以上大盤、宫盌以上大盌）每件坯工工飯銀一錢六分。一圓器（九寸至小碟，宫盌至酒圓）每件坯工工飯銀一分九厘。一各種圓器每件款字銀五厘。

『圓器則例』共二十項，一百二十一條。

（三）琢器則例

每折寬一寸長一尺，應用釉料泥土做坯做細等項銀兩，逐一分晰開列於後。僅舉幾例於後。

泥土

一霽青琢器每尺泥土銀二厘七毫。一魚子紋汝釉琢器每尺泥土六厘。

釉料

一霽青琢器每尺釉料銀二分三厘五毫。

一成窑淡描琢器每尺釉料銀七厘一毫

鑲方工飯

一各種琢器每尺鑲工飯銀一分八厘。

上等錐拱工飯

一各種琢器每尺上等錐拱工飯銀二分四厘。

次等錐拱工飯

一各種琢器每尺次等錐拱工飯銀一分。

每件

一各種琢器每件款字銀五厘。一各種琢器每件彩款字工飯銀六分。

一各種洋彩琢器摹彩御賓工飯銀二錢四分。

『琢器則例』泥土、釉料等共二十六項，一百五十九條。

榷務督陶生涯在查核指摘中度過

從表面上看，唐英的榷務督陶生涯，是得到皇上的信任，成就很大。榷務爲防止税官在一地混熟産生腐敗，故一地只一年任期。但皇上信任，節年在九江關連任。督陶，總的説，他認真燒造，固然有他個人聰明才智和苦心研究，取得不世成就。整個皇家陶務，非他莫屬。直到七十五歲高齡，於督陶任上去世。但是現實生活，却一直處在被查核之中。一榷税查核，二陶務查核，三次色陶瓷變價，四平色銀使用問題，一直有人找錯，使他不愉快。

榷税查核，好像不多。所見者僅乾隆六年，户部貴州司以其乾隆三年八月十七日至乾隆四年四月二十六日，八個月零十日報解盈余銀十七萬一千四百七十余兩，乾隆四年四月二十七日至五年四月二十六日，一年報解盈余銀十五萬三千九百余兩。爲什麽全年盈余税銀反比八個月少？要其『據實查明具奏』，而且皇上『依議，欽此欽遵』。經唐英奏明，是因過關船隻數量不同造成。『細查過關船隻，每歲多寡不齊蓋緣西江浙省之米貴，江廣米賤，則商人爭趨，而所過之船即多；若遇江浙與江廣米價相等之歲，則商人不前，而過關之船亦少。』乾隆四年分江浙與江廣米價不甚懸殊，商人販賣利薄，所以過關船少，税少。經此説明，作罷。

陶務查核。我們已收入《唐英全集》有關奏摺，有乾隆三年燒造奉先殿祭祀磁器要他賠補。乾隆六年四月内務府奉旨言其瓷器燒造不好，着怡親王申飭。乾隆六年十一月唐英接受申飭。皇上又在他奏摺上硃批：不但去年，數年以來所燒者，遠遜雍正年間所燒者，且從未奏銷。旨到，可將雍正十一、二、三等年所費幾何，所得幾何，一一查明，造册奏聞備查，仍繕清單奏聞。

乾隆十二年，唐英編制出《陶務則例》。并未因此項陶務管理科學貢獻，受到内務府褒奨，反而成了以此審核唐英歷年燒造瓷器成敗的『標準』。逾此一步，即要唐英罰款、賠補。

乾隆十二年十月初七日，内務府府依『則例』查核唐英乾隆六年瓷務開銷，發現：

奏準次色器皿一項，變價數目虧折原製價不過五成，破損瓷器不過三成，均應免議。如次色變價虧折原製價至五成以上，破損至三成以外者，仍照原議着落唐英賠補等因，移咨臣等在案。臣等查得……較對虧折僅止二成，破損……亦不至二成之數。臣等查從前奏定成數似覺過於寬裕，蓋次色瓷器雖不及上色，在民間亦爲美器。其變價虧折亦屬有限。至瓷器破損雖所不免，然亦不過十之一二，何至如從前所定成數之多。請嗣後次色瓷器變價虧折原製價定以三成，破損瓷件定以二成，倘浮於此數，即着落唐英賠補。如此酌定核之實在變價破損之數，尚留有余，該監督不至難於辦理。再查此次報銷，六年分册内，次色變價虧折原製價未過三成，破損瓷器未過二成毋庸議外，以後俱照現在所定辦理。

自乾隆十二年以後，即以唐英所定《陶務則例》和此次查核情况改變之次色變價虧折三成，破損瓷件定以二成爲準，來查核唐英陶務錢糧。現存有乾隆十五年内務府查核唐英乾隆七年份瓷務用度折言：

與從前所定燒造磁器則例比較，查對其所有用過製價銀兩并破損之數不過二成，次色變價銀兩與原燒造製價虧折不過三成，均與則例相符，但雜項運費内有修葺作房、做盛瓷器桶盤，裝裱樣册，修理旗牌并雇載磁器巴斗船隻等六項所用銀兩較前多用銀三十七兩八錢五分。……其多用銀三十七兩八錢五分，應着落唐英賠補。至變價次色磁器，應令該監督作速變賣，并前項餘存賠補銀一兩。一并解交造辦處。

内務府查核乾隆八年分瓷務用度摺：

内開：乾隆八年分米價昂貴，各作匠役每名每日額支飯食銀二分五厘。因不敷食用每名每日加飯食銀五厘，自正月起至十月共計二百九十四日，計用匠工七萬九千三百八十名（按：以日計工），共添用過飯食銀三百九十六兩九錢三。……該監督唐英呈報所添此項飯食銀兩，既有定例，不便額外加增，其加增銀三百九十六兩九錢，不準開銷，着落唐英賠補。（按：唐英過錯爲私動錢糧）

乾隆十六年内務府查核唐英乾隆九年度燒造瓷器用度摺：

但雜項内有修葺作房一項，較之八年分多用銀十二兩五錢……臣等詳加查核，其燒造磁器所用銀兩，既與定例相符，準其開銷外，共多用銀十二兩五錢，不應除銷，著落唐英賠補。

乾隆十七年内務府奏明唐英進呈燒造磁器用度情況摺：

九江關監督自乾隆元年起至五年分燒造磁器用過錢糧數目，由軍機處同造辦處查核具奏在案。六年起至十一年分報銷册檔因『則例章程』未定，該監督未行造報。自乾隆十二年十月内，臣等奏準『則例章程』，飭令該監督始行分年造報。六年、七年、八年、九年分用過錢糧數目册檔，臣等派員會同造辦處官員陸續查核奏準俱在案。今乾隆十年十一年分燒造圓琢磁器所用錢糧數目册檔於乾隆十六年十一月内呈報前來。臣等隨派員會同造辦處官員令其逐件照例詳細查核。

内務府造辦處查核唐英十年分燒造磁器用度摺：

臣等詳加查核，其燒造磁器所用銀兩既與定例相符，準其開銷。其變價磁器銀一千二百八十三兩二錢五厘并前項餘存銀二千二百九十五兩六錢七分八厘八毫八絲七忽，俱令該監督作速交造辦處。其乾隆十一年至十五年分所有燒造過圓琢磁器用過錢糧數目册檔細數，臣等另行查核可也。

乾隆十八年内務府查核唐英乾隆十二年分燒造磁器用度摺：

查得九江關監督燒造磁器，歷係秋冬兩季運京恭進。十二年冬季分所進磁器，奉旨：此次唐英呈進磁器，仍係舊樣。爲何不照所發新樣燒造進呈。將這次呈進磁器錢糧不準報銷，着伊賠補，欽此欽遵在案。……

此旨見《唐英全集》『清宫内務府造辦處檔案總滙』中之乾隆十三年十一月。

二十七日司庫白世秀達子七品首領薩木哈來説：『太監胡世杰傳旨與怡親王德保，此次唐英呈進磁器仍係舊樣。爲何不照所發新樣燒造進呈。將這次呈進磁器錢糧不準報銷，着伊賠補。欽此。』

乾隆二十年，有一件唐英向内務府申報乾隆十八年分照奏準『則例』燒造瓷器錢糧，請求查核的報告。他説：

照原奏詳定章程永遠遵行事，案内以瓷器圓徑高折算尺寸。每尺製價查照奏準『則例』，分别做法，詳細核實各項製價造報。至製造瓷器應用雜項錢糧，遵照議定條款開列……今將本年瓷務錢糧報銷册一本，錢糧總報册一本，次色變價册一本，次色嬌黄册一本，一并呈送王爺、大人俯賜查核。……

這是唯一一件唐英上報請求查核的報告。此件亦可見唐英在認認真真地對待。

内務府查核唐英乾隆十四年分燒造瓷器用度折。此件奏摺言唐英十四年分燒造瓷器，一切用度合乎『則例』，準予奏銷。

内務府查核唐英十七年分燒造瓷器奏摺言『監督唐英燒造磁器所用銀兩與定例相符，準其開銷』。

乾隆二十一年内務府查核乾隆十八年分燒造瓷器用度：

雇募抬夫多用銀一兩，不準開銷，應令賠補。

次色磁器變價。

次色磁器，就地變價出賣處理，始於乾隆七年六月，兩次傳旨。一是六月十四日，太監高玉等奉旨：

……嗣後脚貨不必來京，即在本處變價，欽此。

六月二十三日，太監高玉奉旨：

……嗣後脚貨不必來京，即在本處變價，欽此。

以前次色磁器與上色磁器一道送京。從表面上看，打包裝桶，裝船北運，麻煩不少。但實際上，如唐英在乾隆二十一年七月初七日奏摺中，向皇上回述，『於乾隆七年六月内欽奉諭旨：嗣後脚貨器皿，不必送京，即在本處變賣，欽此欽遵在案。嗣經奴才以選落之次色内有黄器，并五爪龍等件，民間未便使用，似宜仍運進添補副裕等由，奏請聖訓。於乾隆八年三月奉硃批：黄器如所請行，五爪龍者外邊常有，仍照原議行，欽此欽遵。亦在案』。黄器，當然民間是不能用的。五爪龍，自元代就有記載，改爲四爪，并名爲蟒。當然形狀是一樣的，民間可使用。這是一件容易惹禍的事情，所以唐英一直遲疑，不大敢執行。但是，在歷次查核唐英陶務錢糧奏摺中，總有催促快辦此事文字。乾隆二十一年十二月初十日，此時唐英已去世快半年了，内務府查核唐英次色磁器未能變價銷售摺言：

九江關税務唐英具奏，選落次色磁器不能按年銷售以致變價銀兩不能年清年款。恭請聖訓一摺，前經臣衙門議奏，内稱江西所造磁器關係錢糧，原應敬謹制辦，以供内用。雖火候稍有不齊，不免間有選落之物。然自乾隆七年已定例按原價減三變賣清款。則此項磁器工料又高，價值又減，自應易於銷售，按年清款。乃該監督唐英轉以積累漸多，不能銷售爲辭。如此種磁器工料價值實高於民間常用之器，一時難以售賣，自應量爲變通，俾辦理不致棘手，錢糧易於清結。如或物料不精、燒造草率以致不能適用，無人承買，又咎在監督，應着落賠補以重錢糧。今該監督并未將實在情形詳悉聲明，臣等礙難懸定。請仍交唐英將此項磁器逐一分析，據實聲明，具報到日再行核議。等因具奏。奉旨：知道了。欽此欽遵。惟隨飭交該監督詳查去後，據該監督唐英以此種器皿雖係次色，究屬官窑，工料實高於民間常用之器。惟憑有力之家置買，零星銷售，又須經年始能足額。批解延遲之由，實因輾轉需時，恐違年清年款之例。故請寬限。并無物料不精、燒造草率等情聲覆前來。復據唐英之子寅保呈稱，伊父唐英任内，乾隆十七年至二十一年共計五年變價之案内，除十七十八年分變價銀兩已如額批解造辦處兑收，其十九年至二十一年此三年分應行變解銀兩，應請給限二年，令唐英之子寅保照數售變解交造辦處，以清帑項。

平色銀兩問題。乾隆六年十一月初七日唐英奏摺説：

再查每年解廠燒造銀兩，係官平足紋，合之瓷務行市平色，每銀一百兩即出有平色銀八兩，此皆燒造内節省之項。奴才即以此爲窑廠雇募各行辦事人等辛力月工之用，合并匯册奏陳。

這就是説，每年由九江關税盈余項内撥銀一萬兩，就出有平色銀八百兩。『此皆燒造内節省之項』。唐英即將此銀兩作爲『雇用各行辦事人等辛力月工』。據乾隆二十年二月初三日唐英給内務府之呈報：

查窑工應用辦事人等如經管畫樣以及錢糧册檔，并庫貯瓷件坯胎出入煉料，暨銷算册籍等項，共計十一作，每作月工食銀百十兩至八兩三四兩不等，兼之每作止得一名經理其事、斟酌繁簡給發工價。每年共需銀七百四十余兩。現有歷年奏銷成案册籍可查。

這就是説，如果撥給窑務每年一萬兩銀子，全部開銷掉，其官平足紋與民間平色銀兩差值，即可足支付窑務雇用人員辛力開支。但是每年窑務之一萬兩錢糧，因燒造數量不同，不見得完全用掉。這樣，節年平色銀兩就有多寡不同。因之『年所出平色用有餘存，留爲下年應用。倘不敷給發即撥次年平色抵補。其每年流滚應用。有餘、不足，遵照章程，案内分别辦事之繁簡，按名給發，歸入正項册内一體造報在案』。但是乾隆十九年七月，廣儲司、磁器庫等處，『呈稱九江關監督唐英任内十四年分不敷透用平色銀一千九百七十兩三錢五分九厘。……呈請動用燒造瓷器余存銀兩撥補完案一事，前經職庫會同造辦處官員呈稱：該監督既稱每年所出平色銀兩不敷辛費之用，應將彼處雇覓人夫工價核減，該監督亦應分析奏明辦理。乃并未查辦具奏，歸入銷算折内，抵除正項錢糧，與例不符。將呈報原册駁回。令該監督等詳細分析查辦，俟奏明呈報到日，再行核銷』。本來是做好事，用官平足紋與民間平色差值，節約了銀兩，雇用人夫，反倒成了問題。經唐英向内務府申飭，費了好一頓口舌，才最後説清，得了個『平色銀兩既不敷用，理應預爲呈請動項抵補』的結論作罷。

唐英去世

唐英於乾隆二十一年七月二十七日，七十五歲，上奏，因咽喉痛疼之疾『病勢淹纏』，『恭請皇上另簡賢員到關接辦』，希望回京。據江西巡撫胡寶瑔代其子寅保寫的奏摺：『職父……今於七月二十九日在署病故。』前此，人們多傳唐英解職返京後於這一年冬去世，大概因爲寅保運棺柩回京，冬天出殯下葬，誤以是冬去世北京。

按照我們所見較詳唐英後半生，榷關無過錯，督陶成績輝煌。乾隆皇帝僅在他兒子的奏摺上批一『覽』字。馬上令人想到《老子》『聖人不仁，以百姓爲芻狗』，心里凉凉的。又想到唐英兢兢業業的榷税督陶，但一直在『榷務查核』、『陶務查核』、『次色陶瓷變價爲難』，『平色銀兩』使用有問題中。總是有規定的也查，有人找茬的也查。甚至皇上不滿意，竟爲了遠在千里之外不能控制的陶瓷質量問題，要他賠補『共銀二千一百六十四兩五錢五分三厘三絲五忽二微』（乾隆八年九月十七日唐英奏摺）。江南荒歉，他動用銀兩補助窑廠工匠人夫飯食銀三百九十六兩九錢三，也『着落唐英賠補』。這於康乾盛世的乾隆皇帝對臣下，也未免太刻薄。這是我們過去評價這類問題的一般觀點。但又一轉念，如果從『康乾盛世』對其官員的管理約束，對官員做過的事情，有异議的問題都要查核，應當是保證官員清廉公正所必須。官員應當經得起這種查核。如果『放手不管，無官不貪』；『一查必準，因而不查，顯得太平』。還有什麽『康乾盛世』？到此，我們對唐英一直在被查核也就不必抱屈了。唐英本人也没有抱屈的表示。這是對『康乾盛世』起支撑作用的官員應有的品格。唐英在康、乾提倡儒家理學時代，始終抱着『從龍家訓在，忠孝外無傳』；『真清真白階前雪，奇富奇貧架上書』的信念。他的傳世陶瓷制品，人人得而寶之，稱爲『國寶』，無處不受人尊崇。因之唐英應當説是『康乾盛世』的一個完人。

張發穎

二〇〇九年四月十二日

於北京垡頭寓所